BRÈVES DE SOLITUDE

SYLVIE GERMAIN

BRÈVES DE SOLITUDE

roman

ALBIN MICHEL

IL A ÉTÉ TIRÉ DE CET OUVRAGE

*Vingt exemplaires
sur vélin bouffant des papeteries Salzer
dont dix exemplaires numérotés de 1 à 10
et dix exemplaires, hors commerce, numérotés de I à X*

© Éditions Albin Michel, 2021

« Chaque être crie en silence pour être lu autrement. Qui peut se flatter qu'il lira juste ?

Autrui. Percevoir chaque être humain (image de soi-même) comme une prison où habite un prisonnier, avec tout l'univers autour. »

Simone Weil

I
AUTOUR D'UN SILENCE

« Qu'est-ce que le regard ?

Un dard plus aigu que la langue
la course d'un excès à l'autre
du plus profond au plus lointain
du plus sombre au plus pur

un rapace. »

Philippe Jaccottet

Joséphine

À la voir assise au milieu du banc, immobile, épaules droites et tête haut levée, drapée dans une étole à motifs géométriques, une main posée sur la poignée de son parapluie-canne, la bandoulière de son sac plaquée à l'oblique sur sa poitrine comme le cordon d'un ordre honorifique, on dirait une petite reine à la gloire révolue qui affronte son déclin avec placidité, ses yeux vert bronze fixés sur son destin dont elle assume la dureté. À ses pieds trône un cabas en plastique à rayures multicolores tel un piédestal en émaux cloisonnés.

Il n'en est rien, la vieille reine de quatre sous a le sang amer, la salive acide, des pensées grincheuses. Ses yeux, qui certainement furent beaux, sont étroits et coupants comme des silex. Elle en glisse le tranchant lentement autour d'elle, et rien, personne ne trouve grâce.

Comme chaque fois qu'elle se rend dans le square, sa désolation se porte en premier sur le lieu. Une vraie mocheté, une pouillerie de peau de chagrin, ronchonne-t-elle. Il avait une sacrée belle allure, autrefois, beaucoup plus spacieux et joliment arboré ; des platanes, des marronniers, des tilleuls, et même des noisetiers. Et des arbustes, des lilas, des viornes, des chèvrefeuilles… Elle fait la liste à la louche, elle se souvient davantage des odeurs et des explosions de couleurs au printemps que des noms des arbres et des plantes. À présent, juste quelques marronniers et de chétifs buissons le long des grilles. Il y avait aussi des statues, dont un faune rigolard qui brandissait un tambourin. Il avait beau dissimuler en partie son bas-ventre avec une de ses jambes relevées, elle avait repéré le truc bizarre qui se cachait derrière – deux grosses gousses de pois chiches surmontées d'un tubercule de patate, ou de topinambour, le tout couronné d'un frisottis de lichen. Faute d'avoir reçu la moindre information concernant l'anatomie sexuelle, tant féminine que masculine, elle ne comprenait pas trop de quoi il s'agissait, mais elle suspectait un secret alléchant et dès qu'elle pouvait échapper à la surveillance de sa mère elle se hâtait d'aller lorgner ces excroissances végétales coulées dans le bronze. Pourquoi son corps à elle n'en était-il pas pourvu, et est-ce que tous les garçons avaient, eux, un bas-ventre légumineux ? Cette question l'avait longuement taraudée, et le jour où enfin elle avait découvert en direct comment est bâti un homme, elle avait repensé à la statue du faune rigoleur et du coup pouffé de rire. Passé la brusquerie et la douleur de la première fois, elle avait pris goût à la sexualité, qui longtemps avait eu pour elle un caractère ludique, jovialement faunesque, surtout avec Émile, son mari resté gaillard jusqu'à la fin de sa vie, survenue d'ailleurs en plein ébat amoureux. Soudain il s'était lourdement affaissé sur elle dans un râle sec et sourd, son corps de bon vivant tout de go saisi par la mort, qui n'avait rien de petite. Le faune enjoué s'était brutalement changé en pierre tombale, et depuis Joséphine a perdu tout attrait pour les délices de l'accouplement.

Elle repense à son jardin public de jadis. Il y avait encore un manège de chevaux de bois, certains fixes d'autres sauteurs, peints en blanc, en gris ou en noir, tous bien croupés, ornés de crinières dorées et de queues en crin véritable, pattes haut levées, têtes dressées ou penchées, naseaux large ouverts et lèvres supérieures retroussées sur un hennissement muet et magique, ils caracolaient au son d'un orgue limonaire sous un plafond décoré de figurines et de fleurs. Des angelots, des bergères à robes et chapeaux enrubannés, des roses et des fougères, des hirondelles, des cygnes et des poules.

Des bribes d'air lui reviennent en mémoire, mais elles se fondent en une brume sonore, mi-guillerette, mi-mélancolique. Comme les images peintes sous la voûte du carrousel, comme la cavalerie de bois, les souvenirs tournent pirouettent s'emmêlent et puis s'estompent. C'est si loin, tout ça. Cet autrefois date de sa petite enfance, soit de quelque sept décennies. Il n'empêche, ce parc était une féerie, mais depuis une trentaine d'années on n'a cessé de le rogner pour gagner de l'espace où construire des immeubles, on l'a réduit à un square piteux. Abattus, les arbres, envolés, fleurs et papillons, en revanche traînent un peu partout des canettes vides, des papiers gras et autres déchets. Déboulonnées, les statues, démoli, le manège, le faune au tambourin et verge en fête s'en est allé avec la cavalerie de chevaux de bois, les chérubins, les bergères passementées et les oiseaux peints. À la place du carrousel, une aire de jeux tapissée d'un sol caoutchouté bleu électrique rayé de jaune pisseux où sont plantés un toboggan et quatre grosses bestioles en plastique censées représenter un mammouth, une poule, tous deux à bascule, un kangourou et un on ne sait trop quoi montés sur ressorts, toutes peinturlurées de vert pomme, de jaune moutarde, de rose clinquant, de rouge tomate. À côté se trouve un bac à sable. Quand les gamins jouent sur leur terrain artificiel, leurs cris sont à l'unisson des formes et des couleurs – laids, discordants, odieux.

Tiens, justement, en voilà deux qui déboulent, cornaqués par une nounou. Car à l'évidence ce n'est pas la mère de ces blondins. Une Maghrébine entre deux âges. Joséphine en voit de toutes origines, des nourrices, qu'elles accompagnent des marmots ou des vieux, mais elles sont presque toujours « de couleur », et ça l'énerve. Elle a la manie d'évaluer la couleur de peau des gens, et leurs traits, la texture de leurs cheveux, pour essayer de deviner d'où ils viennent. Plus le pays lui semble lointain, plus elle s'agace. Et le refrain « Z'ont rien à foutre ici, ceux-là, celles-là » lui monte aux lèvres dans un sifflement aigre. Ce n'est pas pour autant qu'elle se considère raciste, pas du tout même, enfin, pas vraiment, mais c'est le nombre de ces étrangers qui la chiffonne, beaucoup trop grand, et de plus en plus. Ça change l'atmosphère du lieu, ça bouscule trop ses habitudes, déjà que la voracité immobilière a défiguré son quartier dont tant de petites maisons avec cours et ateliers ont été rasées pour être remplacées par de gros immeubles sans style, voilà qu'on en rajoute en entassant des familles d'émigrés dans tous les coins. Elle ne reconnaît plus son domaine, qui avait des allures de village, elle s'y sent un peu perdue, mise en minorité – spoliée, voire en danger. Si ça continue, c'est elle qui sera une exilée. Une expatriée à domicile.

Si encore ces étrangers s'adaptaient aux us et coutumes de la société où ils s'incrustent, qu'ils en apprenaient correctement la langue, l'histoire et la culture, en partageaient les valeurs, les comportements vestimentaires, alimentaires, relationnels, ça irait, on pourrait faire avec, mais pour la plupart, il n'en est rien, et les heurts et incompréhensions que génèrent ces différences incivilement revendiquées ne cessent d'empirer. Ils divisent la société, ils la morcellent, et ils finiront par la disloquer. Elle-même, de père français de souche ancestrale, est par sa mère d'origine espagnole ; à sa naissance celle-ci l'a nommée Josefina, Pilar, Carmen, et Émile, lui, était d'ascendance hongroise, mais elle a francisé son prénom, tout comme le père d'Émile, arrivé en France dans les débuts du siècle dernier, avait converti son nom Károly Molnár en Charles Meunier, et choisi ensuite pour son fils le prénom Émile, non en l'honneur de Zola comme cela arrivait chez certains émigrés saluant ainsi la mémoire de l'auteur de *J'accuse !*, mais en l'honneur d'Émile Littré, dont Molnár alias Meunier admirait l'étendue des connaissances et la diversité des activités : médecin, journaliste, philosophe et traducteur, écrivain, linguiste et lexicographe, homme politique, républicain, agnostique et franc-maçon. Charles Meunier était fier de posséder une vieille édition du fameux *Dictionnaire de la langue française* en quatre volumes reliés en cuir bordeaux avec lettrage et petits ornements dorés. C'était dans ce temple de la langue qu'il avait perfectionné son français, langue qu'il maniait avec une érudition et des préciosités étonnantes, mais toujours avec un très fort accent, ce qui lui donnait un charme singulier.

Joséphine Meunier, donc, elle s'appelle, née Pachonet. Elle ne renie pas les filiations obliques tissées autour d'elle, elle les a simplement intégrées, digérées, fondues à sa francité. Que chacun en fasse autant et tout le monde s'en portera mieux. Tel est son credo : s'ajuster à la société dans laquelle on vit. Sinon, partir. Sa rumination lui ayant asséché le gosier, elle extirpe de la poche de son manteau un sachet de pastilles à la menthe. Fraîcheur intense, est-il écrit sur l'emballage. Alors qu'elle s'apprête à en déguster une, elle aperçoit un individu à moitié couché sur un banc situé un peu plus loin de l'autre côté de l'allée. C'est quoi, ça encore ? se demande-t-elle, suspicieuse, le bonbon en suspens devant sa bouche entrouverte. Elle affûte ses silex verts, scrute le bonhomme. Il a l'air jeune, il est vêtu d'un jean et d'une doudoune qu'elle subodore malpropres ; à une extrémité du corps avachi elle distingue des baskets crottées, à l'autre, une tête enfoncée dans un bonnet bleu marine. Elle ne discerne pas le visage, mais les mains nues qui pendent au bout des bras, si : elles sont noires. Elle glisse le bonbon entre ses lèvres, la petite explosion de saveur fraîche est si vive sur sa langue qu'elle en cligne des yeux. Mais elle maintient son guet, et la rotative de ses bougonnements se remet à tourner. C'est quoi ce jean-foutre qui roupille en plein après-midi, affalé sur un banc public, au lieu de travailler ? Peut-être est-il en train de cuver – bière, vin, drogue, bamboche... un peu de tout ? À moins que ce ne soit un clandestin qui se planque au hasard de sa cavale ? Sans-papiers, sans-pays, sans-domicile, sans-travail, sans-argent, sans-personne, sans rien de rien. Donc prêt à tout, qui sait, pour sauver sa peau ?

Soit, juste un pauvre bougre, certainement, et c'est navrant, mais l'aider n'est pas de son ressort, Joséphine n'en a pas les moyens, elle a déjà assez de mal à boucler ses fins de mois. On ne peut quand même pas recueillir tous les damnés de la terre, et puis, qu'on leur tende la main et ils vous arrachent le bras ! Enfin, certains d'entre eux. Et en plus, avec ce virus débarqué de Chine dont les médias rebattent les oreilles des gens depuis quelque temps, on doit se méfier davantage de tous, de tout. Ce gars est peut-être porteur de l'infection. Elle n'arrive pas à retenir le nom de ce virus, elle l'appelle « coronaritute », celui de la maladie qui a usé le cœur de son mari, la coronarite, s'étant incrusté dans sa mémoire comme un clou qui vibre à la première occasion.

Un cri strident jaillit. Joséphine en avale tout rond la pastille qu'elle suçotait avec précaution, et s'étrangle à moitié. Elle tousse, crachote, les larmes lui montent aux yeux. Elle est furieuse. C'est un des gamins qui hurle ainsi, son frère juché sur le mammouth tomate et vert pomme l'a repoussé violemment pour avoir osé vouloir y monter avant son tour. Une « aire de jeux dynamiques », comme disent les concepteurs de ces défouloirs pour la marmaille des villes. Le dynamisme des petits joueurs consiste le plus souvent à brailler et à se foutre sur le minois à coups de baffes ou, dès le bac à sable, de seaux et de pelles en plastique. Des terrains d'entraînement, au fond, en vue de futurs affrontements d'une autre ampleur, conclut Joséphine entre colère et pitié à l'égard des petits d'humains dont l'avenir risque d'être plus dur qu'il ne le fut pour sa génération. Sur ce, elle sort de son sac à main un crayon et du cabas son magazine de mots croisés de la semaine dont elle a déjà rempli la majorité des pages. Chaque jour elle s'adonne à cet exercice, c'est son sport cérébral pour entretenir sa mémoire qui a tendance à se rouiller. Depuis hier elle planche sur la grille 27 dont plusieurs mots lui résistent, leurs définitions lui demeurant obscures. « *Totalement dépassé* en 3 lettres – *Muni d'un sceau* en 10 lettres – *Le contraire de l'apogée* en 7 lettres. » Elle mordille son crayon, ratisse en tous sens dans sa tête ; soudain le premier des trois surgit. Tout bête, évident : *Out*. Bon, un mot anglais, mais elle passe outre à l'irritation que lui procurent les anglicismes, le plaisir d'avoir trouvé l'emporte. Elle aime bien ces instants où la réponse, qui se tenait embusquée sur le bout de la langue, fait irruption, c'est à la fois excitant et rageant – avoir enfin trouvé, mais pourquoi diable avoir tardé à le faire alors que c'était flagrant ? En revanche, elle râle devant les définitions qui lui échappent parce qu'elle ne connaît pas les termes qu'ils désignent, et il lui faut attendre le numéro suivant du magazine pour y trouver les solutions. Parfois certains mots la surprennent, l'intriguent, et si leur sonorité lui plaît, elle les adopte comme jurons, ou simples interjections, sans se soucier de leur sens. Ainsi lui arrive-t-il de s'exclamer : Xérique ! Amok ! Wayang ! ou Sacrée zeuzère, Satané nostoc, Nom d'une ziggourat ! Pour le moment elle se contente de grommeler « merde et merde de merde » en mâchonnant son crayon devant l'incognito obstiné du sceau et de l'anti-apogée.

L'individu

Le cri perçant du gamin a réveillé en sursaut le jeune homme à demi allongé sur un banc. Il se redresse, s'assure de la présence de son sac à dos qu'il serre contre son ventre. Il regarde autour de lui. Il ne sait plus où il est, il lui faut quelques instants pour reprendre conscience.

Il est épuisé. Il y a si longtemps qu'il est en marche, si longtemps qu'il ne dort plus que par à-coups, à l'arraché, là où il peut. Il essaie de se donner une contenance, il déplie un journal qu'il a trouvé sur le banc, avec des photos de chevaux à toutes les pages. Il ne comprend rien à ce qui est écrit, cela n'a pas d'importance, il cherche juste à sauver les apparences pour ne pas attirer trop vite l'attention, la suspicion.

Guillaume

Il a hésité à s'asseoir quand il a entendu le braillement du gosse en furie. On devrait faire dans les jardins publics comme dans les trains, y installer des « Espaces dédiés au silence et à la tranquillité », d'où les enfants braillards, pleurnicheurs, colériques seraient exclus, ainsi que les aliénés du téléphone portable, ou plutôt il faudrait aménager dans chaque arrondissement quelques squares réservés aux adultes désireux de calme. Tout en rêvant à cette idée, il a fini par s'asseoir.

Il regarde les deux garçons que leur nourrice a séparés, chacun est retourné à ses occupations, l'un se balance avec frénésie sur sa monture préhistorique, l'autre a pris d'assaut le toboggan. Au moins, se dit-il, ils jouent avec leur corps, ils bougent, ils tripotent des choses, ils explorent la réalité effective, pas la virtuelle, rivés à une tablette. Mais jusqu'à quand ? Ils ne pourront pas y échapper, ils deviendront accros des gadgets high-tech et s'exciteront sans fin devant un écran comme un hamster courant sur place dans sa roue en plastique. Il a envie d'allumer une cigarette, mais il est défendu de fumer dans le square. L'interdiction tabagique ne cesse d'étendre son champ répressif, l'obsession sanitaire se fait tout terrain et frappe tous azimuts alors même que croît partout la pollution et qu'on se gave de saloperies. Et depuis peu, un nouvel ennemi des poumons, beaucoup plus virulent que le tabac, a fait son entrée dans le pays. Mais il est invisible et inodore, celui-là, et on a du mal à le pister.

Il se tourne à nouveau vers l'aire de jeux où d'autres enfants arrivent en s'esclaffant. Il sort de sa sacoche un stylo et une pochette en carton toilé dont il extrait une édition de poche de l'*Apocalypse* de Jean et un carnet. Dès qu'il peut profiter d'un moment de solitude il grappille des phrases dans le livre puis il note les pensées qui lui viennent dans la foulée de sa lecture. Son carnet est un défouloir, il y interprète et remanie à sa guise le texte d'origine, en bouscule l'ordre. « C'est nawak », dirait sa fille Fanny qui fourre du verlan dans ses phrases pour le plaisir de l'énerver et aussi pour contrebalancer le sérieux de ses études en égyptologie et papyrologie. Sa passion pour les langues mortes ne la détourne pas des vivantes, surtout de celles en train de s'inventer. Elle fait feu de tout vocable et trouve de l'intérêt dans chaque système d'expression, des écritures hiéroglyphiques et cunéiformes aux graffiti, tags et pochoirs. Elle voudrait avoir plusieurs vies, moins pour apprendre toutes les langues existantes que pour tenter de ressusciter celles qui se sont éteintes et de revivifier les survivantes en voie de disparition, dont le nombre lui donne le vertige. Il envie la souplesse de sa fille qui se meut avec aisance dans tous les temps, des plus anciens jusqu'au présent. Elle est une multi-contemporaine, alors que lui est un in-contemporain, en retard sur son temps ; pire, en discorde avec lui. Il est encore assez jeune pourtant, il n'a qu'une petite quarantaine et en apparence il fonctionne plutôt bien dans la société où il vit et travaille, mais il s'y sent mal. Il n'aime pas son époque, sa perpétuelle agitation, et surtout l'usage outrancier qui y est fait de la technologie. Il a d'autant plus d'aversion pour celle-ci qu'il la maîtrise mal, il a décroché depuis longtemps et n'essaie même pas de rattraper son retard tant cet apprentissage l'assomme.

Il ouvre son carnet, relit les phrases qu'il a écrites les jours précédents.

Tu as de la persévérance : tu as souffert à cause de la bêtise et du conformisme grégaire et tu n'as pas perdu courage.

À celui qui résiste je donnerai de la vie vivante, la vraie, la vive, la vivace,
je lui donnerai l'étoile du matin et celle de midi et celle de minuit,
je lui donnerai les étoiles et la lune, la lune et le soleil
et une rose des vents à trente-deux flèches filant vers tous les points de l'univers,
une rose des vents aux pétales innombrables et, gravé sur l'un d'eux,
un nom nouveau que nul ne connaît sinon qui le reçoit.
Mais sur quel pétale le nom est-il inscrit ? Cherche !

Il interrompt sa lecture, il réfléchit, mais il n'arrive pas à localiser le bon pétale, à dénicher le nom secret qui lui revient. Son imagination déclare forfait, il feuillette les pages plus anciennes pour se remettre dans le bain :

Un trône se dressait dans le ciel et, siégeant sous un dais de nuages,
Personne.
Cela avait l'aspect d'une buée.
Une gloire nimbait le trône de reflets écarlates.
De la buée jaillissait tantôt du feu et tantôt de la pluie.

La Terre était tantôt brûlée et tantôt inondée.
Une flamme blanche se balançait devant le trône.
C'est l'esprit de Personne...

Il se souvient que dans le texte de l'*Apocalypse* il est question de quatre animaux, chacun pourvu d'une demi-douzaine d'ailes constellées d'yeux recto verso. Il recherche le chapitre quatre, le relit. Un lion, un taureau, un aigle, et un à face humaine, postés autour du trône. Il pourrait ajouter ce passage dans son récit, et mettre en scène les bêtes-balançoires à ressorts installées à côté. Un mammouth, une poule et un kangourou. La quatrième le laisse perplexe, elle ne ressemble à rien ; peut-être un gros poisson aplati qui serait palmé et pourvu d'un bec moitié de canard moitié de dauphin. Une petite fille le chevauche avec entrain. Finalement il opte pour un ornithorynque, animal qu'il trouve moche et peu sympathique avec ses aiguillons venimeux planqués sous les pattes, très bien donc pour évoquer la venimosité humaine. Mais il laisse tomber ce bestiaire de même que les vingt-quatre vieillards entourant le trône, il passe au chapitre où il est question de la Bête à dix cornes et sept têtes. Il referme le livre et commence à cogiter, le stylo en suspens au-dessus de son carnet.

Alors je vis monter de la Terre une bête pourvue de myriades de têtes de toutes tailles,
  elle ne ressemblait à rien, chaque tête était plate et lumineuse et irradiait des flux d'images aveuglantes.
  Émerveillée, la Terre entière se prosterna.
  Et on adora la bête incomparable.
  Il lui fut donné une bouche pour proférer mensonges et séductions, calomnies, insultes et mirages.
  Il lui fut donné de faire la guerre à la terre, aux animaux, aux simples, aux miséreux, d'humilier les pauvres en esprit,
  et il lui fut donné pouvoir d'ensorcellement sur toute tribu, peuple, langue et nation.

Il se tâte pour savoir s'il va ou non pasticher la suite et régler leur compte aux *geeks*, aux *nerds*, aux *nolifes*, et surtout aux *hackers black hats* en les déclarant rayés du *Livre de vie*, privés de noms secrets pour s'en être eux-mêmes attribué sous forme de pseudos le plus souvent prétentieux, agressifs et tout bonnement cons. Mais le cœur n'y est plus, ou plutôt il est tout chamboulé, déconcerté – la réalité vient de le prendre de court avec cette pandémie inattendue, arrivée du bout du monde à la vitesse d'une coulée de lave qui s'étale partout en chemin. Les animaux à l'origine du mal ne figurent pas dans le *Livre de l'Apocalypse*, mais ils devraient y trouver bonne place désormais ; le *Rhinolophus affinis*, petite chauve-souris d'une dizaine de grammes, à larges oreilles pointues et au nez éclaté, épanoui comme une orchidée vénéneuse, la civette palmiste à masque, petit carnivore aux dents acérées très friand de lézards, de grenouilles, de serpents et d'insectes, et le pangolin, mammifère joliment couvert d'écailles, édenté mais pourvu d'une langue visqueuse presque aussi longue que son corps pour se repaître de fourmis, de termites et autres menues bestioles. Telle est la triade chinoise Covid-19, groupement mafieux animalier d'une haute malfaisance, constitué non de leur propre chef mais provoqué par les humains du fait de leurs comportements foutraques. Ah, la Bête, la Bête, se répète-t-il sans plus savoir que penser, qu'écrire, comment pasticher le texte des visions de Jean de Patmos ? L'actualité est en train d'envoyer d'une chiquenaude cuisante sa petite pochade apocalyptique à la poubelle du ridicule.

« Excusez-moi de vous déranger, monsieur, puis-je me permettre de vous poser une question ? » C'est une vieille dame fluette, vêtue d'un manteau trapèze et d'une écharpe aux motifs géométriques dont les couleurs vives sont assorties aux rayures du cabas accroché à son bras.

Le vert sombre de ses yeux rappelle celui des algues, et aussi bien celui d'un cul de bouteille vide placé dans la lumière. Elle est rigolote avec ses atours que l'on dirait inspirés par les peintures simultanées de Sonia Delaunay. Il lui sourit et lui accorde son attention.

« Je cherche depuis un moment deux mots, pour mes mots croisés... Peut-être pourriez-vous m'aider à les trouver ?

– Je ne suis pas cruciverbiste, mais je peux essayer.

– "Muni d'un sceau", en dix lettres, et "Contraire de l'apogée" en sept lettres.

– Oh là ! Le premier mot a plusieurs homonymes... il s'agit du bond, du récipient, de l'imbécile ou du cachet de cire ?

– Le dernier. S.C.E.A.U, précise-t-elle en détachant chaque lettre.

– Ah, le septième sceau ! » s'exclame-t-il, amusé par cette coïncidence, mais la femme le regarde d'un air perplexe ; elle se fout des sceaux de l'*Apocalypse*, ce qu'elle veut, c'est remplir sa grille. Il réfléchit.

« Hum...heu... attendez, ce doit être un adjectif... je l'ai sur le bout de la langue. »

Elle attend, les yeux fixés sur les lèvres de l'homme qui bougent imperceptiblement.

« Si...si... silaire... quelque chose comme ça. » Et après encore quelques secondes, il s'écrie : « Sigillaire !

– Ah ? Vous êtes sûr ? Ça s'écrit comment ? »

Il lui épelle le mot et elle compte à mesure sur ses doigts.

« Dix lettres ! Le compte est bon ! Et ça colle avec les autres mots. Je ne le connaissais pas celui-là. » Elle le remercie avec chaleur mais elle ne perd pas de vue le contraire d'apogée en sept lettres et elle lui repose la question.

« Hum, base... fond... abaissement...échec... fiasco...déchéance ?

– Non, trop courts ou trop longs...

– Vraiment, je ne vois pas. Désolé. »

Elle a bien fait de s'adresser à cet homme, elle l'avait observé tandis qu'il feuilletait tantôt un petit livre tantôt un carnet, un stylo à la main, et Joséphine en avait conclu qu'il devait être assez lettré. Bon, il lui reste un mot en rade, mais elle finira bien par le pêcher. En rejoignant son banc, elle aperçoit Madame Barbosa, la concierge de son immeuble, qui traverse le square d'un pas ferme et pressé en tirant un caddie plein de linge. La Barbosa affiche trop souvent au goût de Joséphine un petit carton sur la vitre de sa loge informant les locataires qu'elle a dû s'absenter pour tel laps de temps et qu'elle sera bientôt de retour. Elle cumule plusieurs tâches en plus du gardiennage, allant faire des ménages et du repassage à droite à gauche, du baby-sitting certains soirs, et rapportant dans sa loge du linge à repriser, à retoucher. Une infatigable bosseuse, assurément, ce que respecte Joséphine, mais il ne faudrait pas que ce soit au détriment de son emploi légal. En passant devant l'individu qu'elle a repéré plus tôt, elle coule vers lui un regard torve. Il s'est enfin réveillé, et redressé ; cela dit, sa position reste avachie et il a l'air groggy. Que sa peau est sombre ! Une peau de ténèbres. Comment peut-on être aussi noir ? Elle ne distingue même pas ses traits, vaguement les yeux, qui sont grands et qui brillent sous le bonnet enfoncé jusqu'aux sourcils. Deux boules de charbon ardent ; il a peut-être chopé le virus au nom bizarre ? Joséphine s'écarte davantage dans l'allée et se hâte de retourner à sa place pour vite inscrire le mot avant d'en oublier l'orthographe.

Il se remet à sa tâche. Il tourne alternativement les pages de son carnet et celles du bouquin, il survole les chapitres six, sept, huit et neuf, ceux de l'ouverture des sceaux et des trompettes dévastatrices, et s'arrête au dixième, où un ange colossal vêtu de nuée et nimbé de soleil apparaît, un pied planté sur la terre, l'autre sur la mer, et tenant dans une main un petit livre ouvert – qu'il donne à manger à l'apôtre visionnaire. Manger, mâcher, ingérer le livre, doux à la bouche comme du miel mais amer aux entrailles. Au fait, se demande-t-il soudain, en quoi était-il fait, ce livre : en peau de chèvre ou de mouton, en papyrus, en tablettes de bois de cyprès enduites de cire ? Et qu'est-ce qui est doux, qu'est-ce qui est amer ? La matière du livre, les mots, les lettres gravées ou peintes ? La justice à venir contrebalançant le pitoyable état du monde, l'éblouissement des justes revêtus de tuniques étincelantes de blancheur face à la bouillie sanglante des impies broyés dans la grande cuve de la colère divine ? Manger le livre…, lui ne sait que mordiller le bout de son stylo. Il sent une vibration contre sa cuisse. C'est son portable qui depuis un moment accélère ses trépidations, et il lui semble que celles-ci se font de plus en plus nerveuses. Il se résout à extirper l'appareil de sa poche ; cinq appels manqués, trois messages non lus. Il peste, on le persécute. Ce mobile, qu'il a consenti à garder sur lui pour calmer ses proches contrariés de ne pouvoir le contacter à tout moment comme ils en ont pris l'habitude avec leurs autres relations, est d'un modèle basique. Il le laisse toujours sur vibreur et ne lit ou n'écoute les messages reçus que de loin en loin. Ce qui fatalement exaspère les personnes qui s'obstinent à le joindre. Certains de leurs messages vocaux et de leurs textos ne sont que plaintes et reproches, ce qui le dissuade encore plus de rappeler. Tu n'es qu'un chichiteux, lui dit sa mère, un emmerdeur, précisent les autres membres de sa famille et ses amis, une foutue buse, déplore sa compagne. Sa fille se contente de le trouver zarbi. Du moment qu'il ne lui impose pas sa phobie, elle s'en fout. Il lit les sms, d'abord ceux envoyés par Nora ; dans le dernier elle lui rappelle de passer à la pharmacie homéopathique du quartier pour chercher une commande censée être arrivée – un flacon de macérat glycériné de *rosa canina*, un autre d'*harpagophytum*, un tube de gel à l'arnica et une boîte de 120 capsules de bourrache onagre. La passion homéopathique de Nora le laisse perplexe, mais les noms des plantes l'enchantent. Puis il écoute les messages. Les premiers débutent aimablement : « Allô, Guillaume, bonjour mon grand, c'est papa... », « Salut Guill, c'est Fred. Toujours d'accord pour prendre un pot demain ? », « Bonjour, c'est Julie. Je n'arrive pas à joindre Nora. Elle est déjà à la campagne ? Et toi, tu pars quand ? » Puis, quand il y a relance, ils s'énervent, le ton s'aiguise : « Guillaume, quand même, tu pourrais décrocher quand on t'appelle ! », « Hé, ça t'arrive de répondre ? », « T'es chiant à la fin de jamais répondre ! »… Il remballe son livre et son carnet, le peu d'inspiration qu'il avait s'est dissous dans le brouhaha de ces voix à l'affection impatiente, sournoisement tyrannique. Comme quoi, conclut-il en se levant, le miel en toutes choses vire rapidement en vinaigre. Et, pensant à ses échecs amoureux passés, il ajoute : surtout dans les amours, là ça peut virer au fiel.

Dix minutes plus tard il revient au pas de course et inspecte l'endroit où il était assis. Il a perdu son stylo. Il y tient, c'est un stylo-bille de marque, laqué noir à bagues argentées, un cadeau que lui a récemment offert Nora pour son anniversaire. Il a beau chercher sur le sol, il ne voit rien. De déception il soulève les épaules et écarte légèrement les bras ; ses mains retombent contre ses cuisses, et sous l'une de ses paumes il sent quelque chose dans sa poche. Son stylo. Soulagé, il se rassoit et s'accorde encore quelques minutes d'oisiveté. Il laisse vaguer son regard alentour. La dame cruciverbiste s'est replongée dans son magazine, des petits jouent dans le bac à sable sous la surveillance de leurs mères, ou de nourrices, qui discutent entre elles. Une fillette fait la chasse à un pigeon en battant d'un bras pour l'imiter. L'oiseau est blessé, une de ses ailes traîne par terre et il court en zigzags. Des promeneurs flânent, certains font une pause, s'installent sur un banc, comme ce couple assis, épaule contre épaule, chacun penché sur son portable, sans aucune attention mutuelle, ou ce duo de femmes, l'une jeune l'autre âgée, la première escortant certainement la seconde, posées côte à côte tels deux grands vases en faïence, et plus loin cette autre femme, la tête renversée en arrière, visage offert au soleil qui vient de percer à travers les nuages. La lumière dore ses cheveux châtains qui frisottent autour de son front. Il la trouve très belle. Un homme en longue gabardine vert olive, tenant avec précaution une boîte en carton à hauteur de sa poitrine comme s'il s'agissait d'un coffret liturgique, s'approche lentement d'un banc, s'y assoit, mais du bout des fesses. Tout en lui exprime l'hésitation – s'asseoir ou pas, sur ce banc ou sur un autre, ouvrir ou non la boîte. Il la contemple, posée sur ses genoux, en effleure le couvercle, l'entrouvre par instants, lorgne à l'intérieur puis la referme. Guillaume se demande ce que ce carton peut bien contenir. Un hamster, un oiseau blessé, un bonnet, une tarte aux fruits, un revolver, une quiche, une paire de gants ou de chaussettes, un objet précieux ?

Une drôle d'idée lui passe par la tête : une main, une main coupée ! Le zig un peu flottant dans son imper olive se promène avec une main coupée emballée dans un carton. Une main de gloire ! Voilà ce qu'il lui faudrait, à lui, Guillaume, une main aussi magique que celles fabriquées autrefois par les voleurs à partir de mains dont ils amputaient nuitamment des pendus, puis qu'ils soumettaient à d'occultes processus de momification pour les utiliser ensuite comme des clefs enchantées qui permettaient d'ouvrir toutes les portes sans les forcer, et aussi de s'éclairer grâce à la lumière qu'elles émettaient mais que seul celui qui tenait cette étrange bougie pouvait voir. Il n'a aucune envie d'entrer en catimini chez les autres pour les dévaliser, que chacun reste dans son propre fatras, qu'il soit de luxe ou en camelote ; ce dont il a besoin, c'est d'inspiration. Il rêve d'une main de gloire qui lui ouvrirait les portes les plus dérobées de l'imaginaire, donnant sur une immensité toute bruissante d'histoires, sur de l'inconnu qui se retournerait en intimité. Il rêve de se colleter avec les mystères du monde, avec les forces du langage, avec la vie la mort l'amour la haine le bien le mal le... le... il ne sait plus, tout, rien, l'humanité, les éléments, les dieux... Ah, qu'on lui en donne les moyens, c'est-à-dire du temps, et il écrira son *Odyssée*, sa *Divine Comédie*, son *Guerre et Paix*, son *Moby Dick*, sa *Légende des siècles*, son *Désert des Tartares*, son *Crime et châtiment*, son *Frankenstein*, son *Bruit et la Fureur*, son *Vie et destin*, son *Pavillon d'or*... Oui, du temps, du temps rien qu'à lui, et le magma d'images qui couve et bout dans sa tête, le plasma de mots qui gronde et chuinte dans son sang, entreront en éruption, en explosion. Du temps et du silence où laisser résonner toute cette haute clameur. Mais même ici, dans ce square, on ne peut pas trouver le calme, entre les cris d'enfants, les sonneries de portables et les conversations que les passants échangent sans retenue avec des correspondants invisibles. Chez lui, ce n'est pas mieux, surtout les semaines – qu'il trouve fréquentes – où les deux fils de Nora viennent habiter avec leur mère.

Soudain il sursaute en entendant un de ces parleurs ambulants dire à son interlocuteur : «... Ouais, bien sûr que j'y ai pensé, j'ai fait ma provision de clopes. Trois cartouches, au cas où. » Au cas où quoi ? Cette fois il se lève d'un bond et se hâte d'aller trouver un tabac avant de passer à la pharmacie. À chacun son usage des plantes. Dans sa précipitation il trébuche contre la jambe étendue d'un gars absorbé dans la lecture d'un journal hippique. Il bredouille une excuse, mais le regard que lui lance le jeune homme le dissuade d'insister. Un regard à la fois farouche et affolé, trop brillant pour être sain ; davantage celui d'un cavalier de l'Apocalypse que celui d'un turfiste dans l'attente fiévreuse des résultats d'une course où il a parié gros. Sur ce constat, et toujours triturant son stylo au fond de sa poche, il quitte le square à pas pressés.

Le bizarre

Le garçon repose le journal. Les regards que les gens posent sur lui le paniquent, dans la plupart il voit une simple et implacable indifférence, parfois de la méfiance, ou carrément de l'animosité. Comme cette vieille femme, assise là-bas, le regard qu'elle lui a lancé en passant, la bouche pincée de dégoût, était pareil à un crachat. Ses yeux se ferment à nouveau, il reste immobile mais il sent que ça titube en lui, ça crie, ça grince. Il a faim.

Magali

La femme au front auréolé de frisettes mordorées redresse la tête. La brève percée de soleil lui a fait du bien. Elle a toujours aimé la lumière, elle l'aime plus que jamais. Le seul amour qui ne l'a jamais déçue. Quand elle a eu un enfant, elle a glissé un peu de lumière dans son prénom. Lucille.

Elle flaire l'avant-goût de printemps qui flotte dans l'air encore froid, elle le savoure. Elle a faim de soleil, appétit de chaleur, soif d'odeurs, d'espace, et de contacts. De tout. Elle en a tant besoin après ces mois passés en soins, ses seules sorties les derniers temps ayant consisté en allers-retours entre chez elle et l'hôpital. Et chez elle, c'est petit, pas très lumineux. Mais les soins sont finis, ses cheveux repoussent, plus frisés et plus clairs qu'ils ne l'étaient auparavant. Elle porte un casque ébouriffé de boucles pareilles à des copeaux de cuivre. Elle s'accommode de cette nouvelle allure qui lui va plutôt bien. Ses forces lui reviennent, chaque jour davantage. Elle les laisse reprendre leur cours dans son sang, ses muscles, comme une lente montée de sève dans les arbres. Elle est à l'unisson des plantes en ce printemps ; ça lui plaît. Elle est un arbre marcheur, de ceux qui se déplacent au gré des flux et des élans de leur sève. Elle retrouve l'acuité de ses sens que les traitements avaient amoindris ; l'odorat, surtout.

Le goût du dehors, et des autres. Le goût des corps. C'est maintenant qu'elle mesure combien cela lui a manqué. Elle observe autour d'elle, les assis et les passants. Celui-là qui grignotait son stylo et qui vient de partir après avoir déniché dans sa veste ce qu'il s'évertuait à chercher par terre, il n'était pas mal, un beau mec sous son air de Duduche quadragénaire, et certainement très agréable au lit. Et cette vieille dame plongée dans une revue, avec son manteau en trapèze et les motifs géométriques de son étole et de son cabas, on dirait un petit personnage cubiste, ou sorti d'un tableau de Paul Klee. Quand elle lève la tête, les regards qu'elle jette autour d'elle font l'effet de fléchettes. Et celui-ci qui traverse le square à pas lents, un peu lourds, les mains enfoncées dans les poches de son blouson aviateur à col de mouton, ce qui met en valeur son fessier rond et ferme, elle lui trouve de l'attrait. Et le jeune garçon, là-bas, qui vient de prendre la place laissée vacante par le séduisant Duduche, il a un air d'ara écarlate avec ses cheveux en bataille arborant des mèches arc-en-ciel. Elle adore regarder les gens, détailler leur corps, leur démarche, leur gestuelle, deviner leur sensualité, imaginer à l'occasion leurs phantasmes, qu'il s'agisse d'hommes ou de femmes ; elle apprécie autant la compagnie des deux. Pour elle, la séduction n'a pas d'âge, ce n'est pas une question de belle plastique et de jeunesse, même si elle sait estimer ces avantages. Elle-même est parvenue au mitan de la cinquantaine, et elle ne se considère pas pour autant comme une has been du désir, elle attire encore les regards, et quand elle le veut, elle sait les retenir, les charmer. Son plus bel atout est son sourire, gai, malicieux, franc de toute affectation, de préjugés, d'arrière-pensées tordues. Magali ne s'encombre pas de grands discours sur la liberté, elle vit simplement selon l'idée qu'elle s'en est faite pour elle, et si une personne lui plaît, elle ne cherche pas à s'imposer à celle-ci, elle montre juste qu'elle est là, disponible. Il se trouve souvent quelqu'un pour répondre à sa discrète et radieuse invitation. Elle juge ineptes les déclarations proférées par certains petits mâles d'âge plus que mûr mais mentalement infantiles et humainement médiocres, qui clament leur répulsion ou du moins leur inappétence pour les femmes de plus de cinquante ans, voire de quarante. Ces précieux dégoûtés raffolent de tendronnes aux seins et culs mignons et petites vulves imberbes, auprès desquelles, en prime, ils peuvent jouer les pygmalions. Mais eux, ces mâles sur le retour indécrottablement infatués d'eux-mêmes, ils se sont vus, avec leurs crânes en jachère, leurs poils hirsutes dans les narines et les oreilles, leurs pectoraux ramollis, leur peau qui se fait flasque, leurs ventres qui se plissent et leurs fesses qui s'aplatissent, leurs couilles qui se fripent comme des goussets en cuir recuit et leurs érections défaillantes ? Elle, elle prend les gens comme ils sont, peu importe leur apparence physique et leurs performances sexuelles pourvu qu'il y ait quelqu'un dans le corps, quelqu'un de sympathique, à la fois joueur et réfléchi, et si possible doté d'humour. Pour elle, foin du romantisme en amour, cette illusion que l'on se complaît à faire monter comme une énorme mayonnaise et que la plupart du temps on rate lamentablement. On reste là, tout huilé de larmes, tout graisseux de chagrin et visqueux d'amertume, le cœur jaune pisseux tombé flapi dans les talons. Elle connaît la chanson, elle l'a chantée une fois à tue-tête, puis elle l'a fredonnée à nouveau quelques fois, et a fini par laisser tomber. Plus de chansonnette qui vire au sanglot, mais du rire qui sonne clair. En amour, elle veut de l'amusement, du joyeux, pas du lyrique ni de lourdeurs sentimentales, une bonne entente charnelle et un peu de complicité amicale.

Sa fille a pris le contre-pied de son caractère, de sa façon de penser, de vivre. À douze ans, Lucille a demandé à être baptisée. Magali l'a laissé faire, elle considérait que ce n'était qu'une petite crise mystico-rebelle qui lui passerait avec l'adolescence. Il n'en a rien été, Lucille est une convertie qui résiste au temps, très engagée dans sa croyance. Elle s'est mariée jeune, en grand et blanc falbala, et a déjà trois enfants, prénommés Jean-Noël, Toussaint et Pierre-Pascal. Tous infusés de lumière, non pas solaire mais carrément divine. Comme Lucille en voudrait encore d'autres, elle en attend d'ailleurs un quatrième, Magali se demande quels prochains prénoms elle leur attribuera ; Rameaux, Pentecôte, Épiphanie, Chandeleur, Transfiguration, Eucharistie ?

Un vieux monsieur passe devant elle, dos voûté, à petits pas le long de l'allée, les bras encombrés d'un gros paquet couleur de rouille qui s'avère être un cocker. Les chiens sont interdits dans le square, même tenus en laisse. Sitôt parvenu à l'extérieur, l'homme dépose l'animal sur le trottoir. Le cocker s'ébroue, sautille, l'homme, lui, ne se redresse pas et poursuit sa balade au ralenti, le dos plombé d'arthrose, les bras ballants. En voilà un autre qui se tient le dos rond, à gigoter sur son banc. Ça fait un moment qu'il triture la boîte juchée sur ses genoux, en soulevant puis rabaissant le couvercle. Tiens, il se décide enfin, il extirpe un gâteau du carton et le porte à sa bouche, il le grignote avec parcimonie. Encore un qui s'interdit de jouir des petits plaisirs de la vie. Et ces deux-là, la jeune et l'âgée plantées sur un banc, elles ont la raideur de statues-colonnes d'un portail de cathédrale gothique, chacune darde un regard intense dans le vide, mais à des distances infinies l'une de l'autre.

Magali s'étire au nouveau rayon de soleil qui vient de glisser entre les branches d'un marronnier dont les feuilles pointent à peine des bourgeons. Enfin la venue des beaux jours, et qui coïncide avec sa guérison. Elle va bientôt reprendre son travail, retourner à la piscine et à ses cours d'aïkido, et dans deux mois elle ira à Helsinki où sa fille, qui déménage au gré des postes de son mari diplomate, vient de s'installer avec leur trio liturgique en voie de devenir quatuor.

Le cri haut perché d'une femme exaspérée la tire de son agréable divagation : « Liam ! Timéo ! Laissez

Lilou tranquille ! » Lesdits Liam et Timéo cessent à regret de pincer les mollets de la gamine qui hulule de colère sur le mammouth vert pomme ; elle en profite pour envoyer son petit pied chaussé d'une bottine en caoutchouc à motifs de cœurs fuchsia dans le menton d'un de ses assaillants. À côté du hurlement qui s'ensuit, le hululement de Lilou était une chanson douce. La femme rameute sa troupe de braillards et sonne la retraite. Magali remarque que la vieille dame cubiste fusille du regard l'escouade en débâcle, ses yeux ne jettent plus des fléchettes mais des javelots. En passant devant le jeune homme noir engoncé dans sa parka et son bonnet, l'un des gamins lui tire la langue entre deux pleurs ; il faut bien que quelqu'un paie pour l'injustice qu'il subit. Du coup, quand elle quitte à son tour le jardin, elle adresse un grand sourire à ce garçon pour faire contrepoids à la grimace. Il est très jeune, ses yeux ont une beauté hagarde qui la déconcerte. Elle presse le pas, poussée par un brusque sentiment de gêne.

Le pathétique

Pourquoi l'enfant lui a-t-il tiré la langue d'un air hargneux ? Parce qu'il est noir ? Parce qu'il est mal habillé, les traits défaits par la fatigue ? L'a-t-il trouvé laid ? Et la femme, pourquoi lui a-t-elle souri ? Un beau sourire, mais pour dire quoi ? Pour lui signifier que l'enfant a vu juste, qu'il a eu raison de grimacer en le voyant, que c'était drôle ? Ou par pitié ? Combien de gens lui ont souri pour le mettre en confiance et mieux ensuite lui mentir, le trahir. Même les bourreaux s'amusent parfois à sourire à leur victime avant de la massacrer. Il ne comprend plus les humains, si versatiles et si peu fiables.

Anaïs

La jeune personne dont Magali a admiré le plumage écarlate n'est pas un garçon, mais une fille. Elle est assise à califourchon sur le banc, son sac bandoulière rejeté dans le dos, une jambe pendant dans le vide, l'autre repliée devant elle, une joue appuyée contre son coude posé sur le dossier. Sa main retombe sur sa tête, ses doigts jouent avec ses cheveux bariolés. De son autre main elle effleure l'écran de sa tablette qu'elle a calée contre sa cuisse positionnée comme un lutrin ; du bout de l'index elle en fait défiler les pages, s'arrête longuement sur chacune et parfois revient en arrière. Elle lit au ralenti, elle réfléchit à pas de tortue.

Après avoir hésité entre plusieurs possibilités d'études, Anaïs a fini par opter pour une formation en parfumerie. Elle vise d'emblée haut et loin – elle aimerait devenir *nez*. Elle a un odorat aiguisé, une passion pour les odeurs doublée d'une fine mémoire olfactive, et une imagination fertile. Mais sans un bon niveau en chimie, ces qualités ne lui suffiront pas pour entrer dans une université ou un institut spécialisé dans ce domaine, et elle s'est inscrite en première année dans une faculté de sciences. Elle a beau s'appliquer, réviser, sa concentration se relâche assez vite et elle part vagabonder sur le Net faire étude buissonnière, se laissant attirer par des titres de pages qui affichent les mots parfum, fragrance, senteur, flair, olfaction... et dont le contenu est parfois sans rapport avec son projet. Il peut s'agir de publicités pour des détergents parfumés aux agrumes ou à l'eucalyptus comme d'un article médical consacré aux maladies affectant l'odorat, de cours de dressage de chiens renifleurs ou de citations littéraires contenant un mot du lexique des odeurs. Parmi ces dernières, elle en a trouvé beaucoup d'idiotes ou de plates, certaines amusantes, ou poétiques, et quelques-unes singulières au point de l'amener à prolonger des investigations très en dehors de son périmètre de prospection initial. Et de fil en aiguille, elle est tombée sur un article qui capte toute son attention. Mais la lecture en est ardue, le texte est écrit dans un français châtié, à la fois sobre et puissant, qu'elle n'a pas l'habitude de pratiquer, et il mentionne des auteurs dont elle ne connaît rien, ou presque. Cet article aurait dû lui tomber des mains dès la première page, mais c'est l'inverse qui s'est produit, c'est elle qui est tombée dans le puits du texte comme Alice dans le terrier du Lapin blanc : *Entraînée par la curiosité elle s'élança sur ses traces à travers le champ, et arriva tout juste à temps pour le voir disparaître dans un large trou au pied d'une haie. Un instant après, Alice était à la poursuite du Lapin dans le terrier, sans songer comment elle en sortirait. Pendant un bout de chemin le trou allait tout droit comme un tunnel, puis tout à coup il plongeait perpendiculairement d'une façon si brusque qu'Alice se sentit tomber comme dans un puits d'une grande profondeur, avant même d'avoir pensé à se retenir. (...) Tombe, tombe, tombe ! Cette chute n'en finira donc pas ?...* Mais ce n'est pas vers un *pays des Merveilles* qu'elle dégringole, le texte est trop aride pour déboucher sur une contrée loufoque et enchantée. Le pays où elle tombe se situe nulle part et Anaïs a plutôt l'impression de chuter en hauteur, mais obliquement et en spirale. Elle s'accroche cependant, elle s'accroche à ces phrases rugueuses, épineuses qu'elle lit, relit. Elle veut comprendre, coûte que coûte. Elle se sent comme apostrophée par ce qui est dit là, dans un langage qui pourtant lui échappe en partie.

Le titre de l'article est « Pyramide olfactive du penser ». Aussi bizarre qu'un lapin portant gilet, veste et montre à gousset, et qui se parle à lui-même en courant à toute allure. Anaïs s'est empressée d'aller y voir de plus près. L'auteur s'est inspiré d'une image propre à la cosmétique, qui sert à décrire la structure et la composition d'un parfum, pour s'interroger sur l'acte de penser, choisissant le verbe substantivé « penser » plutôt que le nom commun « pensée ». Est-ce pour qu'il n'y ait pas de confusion avec « la pensée », fleur de la famille des violacées, ou pour insister sur le dynamisme de l'activité de la conscience ? Le texte suit le schéma de ladite pyramide olfactive, divisée en trois parties : *Notes de tête* – en parfumerie, celles qui s'exhalent en premier et donnent le ton du parfum, elles sont les plus volatiles, fugaces ; une promesse pleine de fraîcheur d'agrumes et d'aromates destinée à capter l'intérêt de la personne qui la hume. Côté pensées, celles qui nous passent par la tête, drôles ou tristes, brillantes ou banales, souvent pleines d'inattention, dénuées de gravité et sans souci du poids des mots. Ce sont les effluves émis par les opinions, les croyances vagues, les lambeaux de souvenirs, les intuitions très éphémères, les rêveries... *Notes de cœur* – plus vigoureuses et durables, sentant la fleur, le fruit, et révélant le caractère du parfum. Des pensées qui s'ancrent dans notre esprit, mais au développement limité, des raisonnements passionnels, des inquiétudes devenues familières, inoffensives, des certitudes sans fondement mais qui, elles, peuvent devenir agressives, voire féroces. *Notes de fond* – les plus puissantes et tenaces, exhalant le bois, la mousse, le musc et les épices ; elles fixent le parfum, en disent l'identité. Elles sont la basse continue de l'arôme. La pensée comme passion, exaltation et angoisse, éblouissement et effroi. La fièvre de penser, à la folie, à en mourir. L'ostinato mental.

De paragraphe en paragraphe Anaïs a perdu pied en crescendo. Mais c'est au dernier qu'elle revient, c'est celui-là qui la trouble, la défie. Tout s'y retourne en son contraire, l'acte de penser culmine en se faisant extrême passivité, patience brûlée d'impatience aussi bien que l'inverse, « le dit se dédit », le silence sourd de dessous les mots, les recouvre, les noie, la pensée balbutie, elle chavire là où elle pense au-delà et bien plus qu'elle ne le peut. L'auteur évoque l'idée de l'infini qui nous vient à l'esprit, se référant à des philosophes et des poètes dont Anaïs ignore tout, à part Descartes dont elle a entendu parler lors des quelques cours de philosophie qu'elle a suivis au lycée, et citant des phrases si étranges qu'elles sont incompréhensibles.

L'idée de l'infini, qui prend senteur sublime ou au contraire goût de néant. Sous la poussée de cette idée sans garde ni mesure, la pensée ébranlée vacille et se fissure, la langue se craquelle, les mots bégaient, se brisent, et le fond se déchire et s'effondre, il n'y a plus de socle, plus d'assise, rien. La pensée bée dans le vide, lequel se déploie pour certains en lumière, en splendeur, pour d'autres s'étale en ténèbres, se fait raptus d'effroi. Anaïs oscille entre les deux. La pyramide des pensées ne repose pas sur un sol stable mais flotte sur un gouffre, et dessous les notes de fond souffle et siffle un silence sans commencement ni fin. Dessous le fond sont des tréfonds où luit, obscur et entêtant, de l'inconnu qui sollicite notre attention. *Tombe, tombe, tombe! Cette chute n'en finira donc pas?...*

Ai-je jamais pensé *vraiment*, se demande Anaïs, déconcertée. Mais c'est quoi, au juste, penser? Reconnaître que c'est une aventure vouée à l'échec, à l'égarement dans un désert en continuelle expansion, un danger à courir qui peut se révéler mortel? Est-ce proche de cette expérience chaque fois inouïe de la petite mort orgasmique? Mais là, on goûte au sublime, à une explosion de vie dans son étranglement même. Une image fait une irruption radieuse dans sa nébuleuse de questions qu'elle pulvérise d'un coup : Maxime, son sourire, ses mains, son corps, Maxime, ses baisers, son sexe, son odeur, et le grain de sa peau et celui de sa voix, son souffle s'échauffant contre son cou, ses seins, son ventre… elle entend presque l'accélération de sa respiration pendant l'amour jusqu'à son épanchement et sa consumation dans le râle doux et sonore de l'orgasme. Elle repousse à regret l'image impromptue et se replonge dans l'article. À présent elle ressent un creux dans l'estomac et, tout en ressassant des phrases énigmatiques comme cette citation d'un philosophe : *Ce qui donne le plus à penser dans notre temps qui donne à penser est que nous ne pensons pas encore*, ou celle-ci, d'un poète : *La fumée est notre image. / Nous sommes le reste de quelque chose qui se consume, / une évanescence difficilement visible / qui se désagrège dans une hypothèse du temps / comme une promesse non tenue / peut-être formulée à une autre époque*, elle ramène sa besace en toile contre sa hanche et en sort un sandwich emballé dans du papier sulfurisé qu'elle dépiaute tant bien que mal d'une seule main. C'est un panini aux légumes grillés et aux herbes, à peine tiède à présent, mais elle mord dedans avec gourmandise. Ni le lourd et puissant questionnement de Martin Heidegger ni le voisinage éperdu des abysses de Roberto Juarroz ne lui coupent l'appétit.

Elle remâche et rumine consciencieusement les phrases, en mastique lentement les mots tout en dégustant bon train son panini. Pour être plus à l'aise, elle s'assied en lotus sur le banc, la tablette en équilibre instable au creux d'un genou ; entre deux bouchées elle écarte le sandwich de son visage et le tient en l'air à côté de sa tête à la façon d'un sceptre luisant de graisse et de coulures de légumes marinés.

Ce que le philosophe et le poète abscons n'ont pas réussi à faire, deux goujats y parviennent : ils l'interrompent net dans sa double manducation, philosophique et légumineuse. Voilà un moment qu'ils la reluquent, l'un, là-bas, le plus vieux, chaussé de lunettes sombres, la lorgne en biais, comme un sournois, l'autre, assis presque en face d'elle, un jeune mal fagoté, la fixe d'un air abruti. Elle sent leurs regards se coller à elle ainsi que des limaces. Elle referme la tablette dans sa housse et la fourre dans son sac, se lève, balance avec brusquerie le panini à demi consommé dans une poubelle, et s'en va. Ils lui ont coupé et l'appétit et ses efforts de penser l'impensé. En passant devant le jeune désœuvré aux yeux fixes, Anaïs plisse le nez. En plus, il pue, ronchonne-t-elle, quelle idée aussi de rester à mijoter dans une doudoune crasseuse ? Il ne fait pas froid. Elle ne s'est pas plus tôt formulé cette réflexion qu'elle s'en veut, le type est peut-être à la rue et n'a tout simplement pas les moyens de se laver. Au moment de pousser le portillon du square, elle se retourne et lance un coup d'œil discret vers lui. Il n'a pas bougé, mais son corps est tendu en avant comme celui d'un nageur prêt à plonger, et à présent c'est sur deux pigeons qui se battent à grands coups d'ailes qu'il darde son regard. Elle s'éloigne et aussitôt oublie l'incident.

L'importun

Les pigeons sont en train de picorer le sandwich qui est tombé à côté de la poubelle, ils se bousculent, chacun essaie de se l'accaparer. D'un bond, le garçon est près d'eux, les chasse ; criaillements et claquements d'ailes. Il revient vite à son banc, son butin serré dans la main.

Xavier

Le vieux n'est pas si vieux, juste la cinquantaine, et s'il porte des lunettes de soleil ce n'est pas pour frimer ou se dissimuler, c'est pour se protéger, il souffre d'intolérance à la lumière. Et s'il a observé avec trop d'insistance Anaïs, c'est à la fois parce que son aspect androgyne l'a intrigué et à cause de ses cheveux bigarrés. La voilà partie, et il ne sait toujours pas s'il s'agissait d'une fille ou d'un garçon, l'une voulant passer pour l'autre, l'autre voulant paraître l'une, ou simplement un style, un jeu avec l'apparence, un art de l'ambiguïté. Cela est sans importance, il croise souvent des jeunes gens de la sorte, mais c'est l'alliance de cette androgynie et des cheveux évoquant le plumage multicolore d'un loriquet arc-en-ciel ou d'un bec de toucan qui l'a frappé. Oiselet chamarré ou oiselle bariolée ? Une scène lui revient, avec la soudaineté et la brutalité d'une claque.

Cela n'est pas de l'ordre du souvenir, mais d'une image devenue fixe, qui couve en permanence à fleur de sa conscience et parfois vient éclater à la surface, de nuit comme de jour, avec une soudaineté éruptive. Une image solaire, follement belle et d'épouvante. Un grand oiseau gracile qui prend son envol depuis le toit d'un bâtiment, ailes écartées, lumineux dans son plumage doré. L'envol dure une fraction de seconde, il est splendide, puis le corps s'infléchit, les ailes s'incurvent, et l'oiseau blond pique droit vers le sol. La chute est d'une vitesse vertigineuse – une flèche ardente qui file vers sa cible dans un remous de soie. Mais il n'y a pas de cible, seulement le sol en béton en contrebas. L'oiseau d'or s'y écrase et s'y brise. Un filet de sang hérisse sa tête d'une huppe rouge qui grandit, s'étale, forme une auréole biscornue. La robe jaune s'est retroussée, elle bouffe autour des reins de l'oiseau disloqué, dénudant ses jambes minces, ses fesses. Il est nu sous son plumage à demi arraché. Oiseau-éclair, damoiseau-demoiselle, au vol unique. Icare en robe de mariée précipité dans le vide, interdit de noces avec le soleil.

Il s'appelait Corentin, mais ce prénom lui déplaisait, surtout il lui pesait, il s'en était choisi un autre, plus court et léger, Lissi. Un nom à la sonorité sifflante, un peu acidulée, couleur citron. Le jaune était sa couleur, il l'aimait éclatant, doré ou orangé, ambré ou canari. Xavier l'avait comme élève dans son cours d'arts plastiques au lycée où il enseignait. Un élève ordinaire, sans don particulier, mais plein de curiosité et d'application. Il contrebalançait sa faiblesse en dessin et en perspective par son goût pour les couleurs dont il usait avec un certain talent. Il était plutôt timide et solitaire, et se faisait souvent chambrer par ses camarades de classe à cause de sa voix qui semblait hésiter au seuil de la mue, et de ses manières un peu farfelues, mais Xavier n'avait jamais accordé d'importance à ces petits conflits, si répandus, si banals entre adolescents dont la plupart sont prompts à tourner en ridicule les failles, les faiblesses, les bizarreries qu'ils ont dépistées chez les autres. La tolérance et le respect qu'ils réclament à grands cris pour eux-mêmes n'ont parfois d'équivalent que l'intolérance qu'ils exercent à l'égard de tous ceux et celles qui ne se conforment pas aux normes de leur milieu, qui ne jouent pas le jeu du clan. Devenu assez blasé avec le temps, Xavier ne s'était pas soucié du cas de cet élève raillé par ses condisciples ; il n'était qu'un bêta de service parmi tant d'autres, chaque classe a toujours plus ou moins des petits chefs ou de jeunes dominantes, entourés de leurs affidés, et une tête de Turc sur laquelle exercer leur pouvoir, se défouler de leurs peurs, de leurs frustrations inavouées, et assouvir leurs penchants mal contrôlés à la méchanceté, au mépris, voire à la cruauté. Lui-même garde un souvenir assez désagréable de sa propre adolescence au cours de laquelle il a louvoyé entre divers rôles, incertain alors de la juste position à adopter. Il n'aimait ni les chefs de meute ni les comportements de suivisme, et éprouvait pour leurs victimes incapables de se rebeller plus de pitié teintée d'agacement que de compassion et d'inquiétude. Au fond, il se fichait de ce qui se passait entre les lycéens en dehors de ses cours, et de même avec ses collègues qu'il ne fréquentait guère une fois sorti de l'établissement.

Il n'avait ainsi pas pris la mesure du harcèlement que subissait Corentin. Les provocations, les insultes, les humiliations étaient quotidiennes, on le surnommait Gollum, comme le Hobbit du *Seigneur des anneaux*. Les attaques directes en classe, dans les couloirs ou dans la cour de récréation, et surtout dans les vestiaires du gymnase et de la piscine ou aux toilettes, ne suffisant pas à certains de ses harceleurs les plus acrimonieux, ces derniers avaient piraté son compte Facebook, sa messagerie, et détourné des photos de lui qu'ils avaient diffusées dans des photomontages obscènes et mortifiants. Dans le lot en figurait une où Corentin-Lissi portait une robe mi-longue, évasée et fluide, aux manches amples et décolletée en pointe dans le dos, d'un jaune vif chatoyant. Les pirates s'étaient particulièrement régalés avec cette image, la triturant grotesquement. Ayant aussi découvert son prénom d'élection, ils l'avaient renommé Gogolissim ; une trouvaille dont ils étaient fiers et qui excitait encore plus leur verve. Cette intrusion dans son espace privé, le vol de son prénom secret et du portrait de lui revêtu de sa robe ont été l'offense de trop, la douleur inconsolable. Alors, puisqu'il était la risée de tous ces salauds, il avait décidé de l'être jusqu'au bout, mais avec panache.

Il est arrivé un matin à l'heure de la récréation, revêtu de sa robe, chaussé d'escarpins vernis assortis, le visage maquillé. Il a traversé la cour d'un pas souple et nonchalant, ignorant les exclamations, les quolibets, les rires et les sifflets qui ont fusé en crescendo autour de lui. Il est entré dans le bâtiment principal, a gravi les escaliers jusqu'au dernier étage, est entré dans une salle, a ouvert une fenêtre et s'est hissé sur son rebord. En bas, le silence est tombé d'un coup, mais bientôt des voix se sont levées, quelques-unes encore rigolardes et se voulant provocantes, la plupart paniquées et l'appelant à redescendre. Alertés par le charivari, des professeurs, des responsables du lycée ont accouru, ils ont vu la fine silhouette qui miroitait là-haut dans l'embrasure d'une fenêtre, certains se sont précipités dans le bâtiment pour tenter de le rejoindre avant que ne survienne un drame pendant que d'autres cherchaient à le raisonner. Mais lui ne les entendait pas, leurs voix se perdaient dans l'air, leurs mots ne faisaient plus de sens, leurs appels ne s'adressaient pas à lui. Il n'était plus personne puisqu'il lui était interdit d'être celle qu'il voulait devenir, qu'il savait avoir toujours été. Il était juste une chimère, comme l'avaient qualifié ses dénigreurs, une chimère aussi volatile qu'un rai de lumière qu'un rien suffit à dissoudre dans l'invisible, dans l'oubli. Lissi a sauté, bras tendus, le front levé. Les spectateurs ont reculé en masse en poussant une clameur stridente. Puis le silence.

Xavier traversait la cour pour aller fumer à l'extérieur du lycée, tenant à la main un gobelet de café brûlant quand Lissi a surgi à la fenêtre. Sur le coup il n'a pas compris ; les élèves ne bougeaient plus, tous tête levée vers la façade du bâtiment central, et criant sur tous les tons. Il a tourné la tête dans la même direction, et il a vu, là-haut, une forme humaine toute ruisselante d'un jaune qui oscillait entre le bouton-d'or, le miel et le safran selon la lumière et les mouvements de la robe doucement agitée par le vent. Sans avoir à réfléchir, il a su qu'il s'agissait de Corentin, le garçon malhabile, fou de couleurs et par-dessus tout de jaune. Quelques mois plus tôt, il avait demandé à ses élèves de s'inspirer librement d'un ou de plusieurs tableaux de leur choix, et de composer un travail original à partir de ces références. Corentin avait réalisé une peinture à la gouache en s'inspirant de deux tableaux : *L'Indifférent*, de Watteau, et *Le Christ jaune*, de Gauguin. Le corps du personnage, qui semblait flotter sur une croix à peine esquissée plus qu'y être cloué, évoquait par sa pose gracieuse et son vêtement élégant davantage le jeune homme de Watteau que le Christ de Gauguin. De ce dernier, Corentin avait pris la couleur, remplaçant les tons de bleu pâle, de rouge et de rose du bel habit de *L'Indifférent* par du jaune acide, nuancé de touches plus chaudes et foncées par endroits, et le paysage sur le fond duquel se détachait le personnage en apesanteur sur sa croix devait lui aussi plus à Gauguin qu'à Watteau ; des collines blondes, des arbres roux et ocre clair, mais pas d'autres figures, ni humaines ni animales. Le dessin était assez mauvais, les proportions du corps approximatives, l'assemblage, ou plutôt le carambolage entre les deux peintres pour le moins curieux, mais une fois encore, le sens de la couleur sauvait le travail. Xavier lui avait donné une note honorable, sans plus, et comme l'élève n'avait pas fourni beaucoup d'explications quant à ses choix, il en était resté là.

Xavier n'a crié ni avant ni après la chute et n'a pas proféré un mot, il en était incapable, frappé de mutisme, d'ahurissement. Un événement insensé faisait irruption dans une journée et un lieu ordinaires, pétrifiait le train-train machinal et renversait cul par-dessus tête le petit confort mental qu'il s'était construit au fil des années. Il n'a pas bougé, ne s'est pas approché du gisant, n'a même pas regardé dans sa direction, il est resté planté là, son gobelet à la main, les yeux toujours levés vers la fenêtre ouverte, puis braqués sur le ciel au-dessus du toit, et dans le ciel, sur le soleil qui montait, placide et magnifique. Son café était tout à fait froid quand il est sorti de sa torpeur, ses yeux rougis par l'éclat du soleil. Il ne s'est jamais pardonné de n'avoir rien vu venir, de n'avoir pas su déceler dans les signaux d'alerte que le garçon avait lancés, timidement certes, mais plusieurs fois, la gravité de sa détresse.

Un couple vient s'asseoir sur le banc où il se trouve. Ils parlent fort, rient plus fort encore. Ce sont en fait deux collègues, ils discutent non des affaires en cours dans leur service, mais d'une personne qui travaille avec eux, et ils s'en gaussent avec une verve joyeuse, intarissable. Tout y passe, son physique, sa voix traînante, son incompétence jugée phénoménale. Deux chats qui se font voluptueusement les griffes sur une tapisserie. Xavier les regarde, ils ont l'air sympathique, et leurs rires sonnent agréablement, surtout celui de la femme, limpide, mélodieux. Mais il y a les mots entre les esclaffements, pareils à des tiques, des frelons. Xavier s'en va. Un ballon vient buter contre ses jambes et rebondit, il va rouler jusqu'aux pieds d'un jeune gars qui ne réagit pas, trop occupé à mastiquer quelque chose, la tête baissée vers ses mains vides. Un chewing-gum, un caramel, ou un tic de déglutition ? La gamine qui a lancé le ballon n'ose pas s'approcher du bonhomme tout sombre de peau et de vêtements, et tout sombre aussi d'humeur, semble-t-il, puisqu'il ne bouge pas, ne parle pas, ne sourit pas. Il lui fait un peu peur. Xavier ramasse le ballon et le renvoie à la petite qui se sauve en serrant son bien contre sa poitrine. L'autre sursaute légèrement et se replie aussitôt sur lui-même. Quelle foutue chique cet homme peut-il bien être en train de mâchouiller pour rester ainsi prostré, se demande-t-il, du bétel, une gomme sédative ?

L'égaré

Au creux de ses paumes, qu'il a léchées, reléchées, flotte encore un faible relent d'huile et de légumes. Un peu de gras luit le long des sillons les plus marqués. Mais il ne sait pas lire les lignes de la main. Il les regarde, les regarde. Y est-il écrit tout ce qui lui est arrivé, et ce qui lui arrivera ? Tout est-il décidé depuis le début ? Les lignes de malheur et de chance vont-elles rester enchevêtrées jusqu'à la fin ? L'une va-t-elle l'emporter sur l'autre ? Pourquoi lui a-t-il eu la vie sauve et pas les autres ? Mais est-elle si sauve que ça, sa vie réduite à une continuelle tentative de survie ?

Pourquoi lui plus qu'un autre, il n'y voit aucune raison. Le hasard, le destin, le doigt de Dieu – mais alors de quel dieu insensé, capricieux ? Joue-t-il aux dés, ce dieu ? Et lui, n'est-il qu'un dé entre ses mains ? Ce qui est sûr, c'est que tomber aux mains des hommes est le pire fléau qui puisse frapper quiconque est sans défense. Inutile d'incriminer un dieu quelconque, aucun n'est aussi retors et cruel.

Stella

La plus âgée des deux statues gothiques commence à s'assoupir, ses paupières s'alourdissent, sa tête dodeline imperceptiblement et ses lèvres, qu'elle tenait serrées, s'entrouvrent et se mettent à frémir. Bientôt elle va balbutier des mots à peine perceptibles qui se perdront aussitôt dans des bulles de salive. Stella n'a pas besoin de la regarder pour s'en rendre compte, elle commence à connaître le fonctionnement de la vieille dame qu'elle accompagne depuis quelques jours. Il lui suffit de très peu de temps pour sentir ce qui se passe chez les autres, ce qui se trame dans leur corps autant que dans leur tête, ce qui couve sous leurs silences, complote sous leurs sourires, conspire derrière leurs paroles. Il n'en a pas été toujours ainsi, mais elle a payé si cher sa naïveté qu'elle a appris à développer une finesse de discernement suraiguë. Sous son apparence impassible, elle se tient en permanence sur le qui-vive. L'extrême vigilance est son armure, la méfiance sa sauvegarde. Mais avec Madame Georges, il ne s'agit pas de cela, Stella n'a rien à craindre d'elle, la vieille dame est inoffensive, juste un peu bizarre par moments, elle a ses lubies, tant alimentaires que vestimentaires, ses petites obsessions et ses sautes d'humeur, rien d'important, et tant pis si elle est du genre taiseux et d'un abord froid, c'est en fait mieux ainsi, elle-même est de la même trempe.

Elle glisse son bras sous celui de Madame Georges, laquelle sursaute et cligne des yeux, et elle l'aide à se relever. « Allez, on va se dégourdir les jambes, on s'ankylose à rester trop longtemps assises. » La vieille dame obéit mais sans vraiment comprendre à qui, à quoi, elle se sent flotter, ou plutôt c'est le monde qui flotte autour d'elle. Elle était déjà partie loin d'ici et de maintenant. Ces va-et-vient trop fréquents entre le présent et ses propres ailleurs temporels la chamboulent, la fatiguent et l'irritent. Plus elle refait surface et reprend conscience, plus elle se renfrogne et pince ses lèvres tout en marchant à petits pas au bras de son auxiliaire de vie. Rien que cette expression l'énerve : auxiliaire de vie ! Pour elle, un auxiliaire, c'est avant tout un verbe qui sert à construire des formes composées d'autres verbes, ou bien c'est un adjoint, un employé provisoire, et si elle comprend la qualification d'auxiliaire de justice, de l'armée ou de l'enseignement, celle d'auxiliaire de *vie* la choque, elle se sent sournoisement humiliée, comme si cette fonction soulignait le fait qu'on l'aide à construire une forme décomposée du verbe vivre. Mais il lui faut bien y consentir, elle n'a plus la force d'assumer seule la plupart des tâches domestiques quotidiennes, les vertiges qui la saisissent à l'improviste, souvent aggravés de maux de tête, de bourdonnements acoustiques et de nausées, l'invalident. Elle est un verbe en voie de désagrégation. Elle ne sait encore que penser de son nouveau chaperon, elle semble réservée, ne se permet pas de familiarités comme certaines qui l'appelaient d'emblée par son prénom et lui parlaient sur un ton qui se voulait protecteur et n'était que bêtifiant. Les gardes maternantes l'exaspèrent, les trop désinvoltes et les étourdies l'impatientent, les guindées la mettent mal à l'aise. Mais bientôt son fils et sa belle-fille vont venir la voir, et le temps de leur séjour elle pourra donner congé à cette femme.

Elles font le tour du square au ralenti, et en silence. Madame Georges regarde autour d'elle sans prêter attention à ce qui l'entoure, elle rêvasse en marchant, Stella observe tout sans tourner la tête, son regard coulisse avec vivacité et capte les détails, même les plus insignifiants; elle scanne en permanence le visible. Elle ne se laisse jamais distraire, elle ignore la rêverie. Les gens qu'elle croise ont l'air paisible, certains presque indolent, mais ça ne veut rien dire, le recto placide des choses et surtout des personnes est souvent flanqué d'un verso ombreux, distordu, et on ne sait jamais quand celui-ci va se montrer, vous frapper en pleine figure. C'est comme ces prés fleuris, ces rivières aux eaux douces, si apaisants à contempler, mais entre les herbes, sous les galets, à fleur de terre, de sable ou de vase, des myriades de bestioles, de petits batraciens, de bêtes aquatiques se hâtent en tous sens, courent sans répit, soit pour fuir leurs prédateurs, soit pour chasser leur proie, c'est une guerre continuelle, acharnée, menée par des soldats microscopiques, chacun si seul et âpre dans sa lutte, et il en va pareillement avec les arbres, ils se battent en silence, au ralenti, avec une patience, une pugnacité formidables, pour préserver leur espace de survie, en conquérir un plus vaste, un plus ensoleillé. Stella considère la vie comme un ring où se déroule un match de dévoration sans commencement ni fin ni mesure, et sans autre loi que celle de la primauté de la force. Quand on est en position de faiblesse, la dévoration se retourne contre soi-même, elle s'effectue à l'intérieur du corps, dans les organes, les cellules, puis la mort achève le travail et recycle les restes. Ce mal qui affecte presque tout le monde, Stella l'imagine sous la forme d'un animal, grand fauve ou petit carnassier, ténia ou rongeur, ainsi cet escogriffe en pardessus olivâtre, la mine chagrine, on dirait qu'une souris lui grignote la rate, et cette vieille dame, là-bas, qui jette régulièrement des coups d'œil par-dessus son magazine, elle a un regard de belette à l'affût. Mais celui-là, engoncé dans une parka usée et un bonnet de laine hors de saison, les mains ballant sur ses cuisses, c'est à une moraine d'avalanche qui a fini de dévaler et qui reste plantée là, n'importe où, réduite à l'état de bloc informe, qu'il lui fait penser. Un corps compacté sur lui-même, tout concassé à l'intérieur. Elle le sent le temps d'entrapercevoir son regard fixe qui filtre entre les cils de ses paupières mi-closes, elle connaît cette fixité, cette folle nudité, elle reconnaît d'instinct les écroués dans le désert des villes ; tous semblables. Le malheur uniformise toutes celles et ceux qu'il serre trop longtemps dans sa poigne rêche.

 Elle poursuit sa déambulation au bras frêle de Madame Georges toujours perdue dans ses pensées.

Le semblable

Il n'a pas remarqué les deux femmes, des ombres parmi d'autres. Le monde autour de lui s'est affalé comme une lourde bâche, écrasant tout, étouffant tout. Il dort assis, il dort sans sommeil, sans rêves, sans repos, il dort dans un état de veille hallucinée, tous ses sens sont à la fois à vif et en suspens.

Serge

Il n'aime pas les pâtisseries, pas les sucreries, pas même le chocolat. Il n'a jamais eu «le bec sucré», comme disait autrefois sa mère, qui, elle, en a gardé un fameux. Il n'y a d'ailleurs plus que les friandises qui lui plaisent; elle s'en gave dès qu'elle le peut. Et elle ne le peut que grâce à lui, son pourvoyeur de confiseries. Il vient la voir tous les deux ou trois jours dans la maison de retraite où elle réside désormais, et chaque fois il lui apporte des gâteaux, ses préférés – éclairs au chocolat, millefeuilles à la crème et au miel, et macarons à la pistache –, en douce. Ces excès ne lui sont normalement pas permis, mais puisqu'elle s'en porte bien et qu'elle en tire un de ses rares et ultimes plaisirs, il ne compte pas l'en priver. Aujourd'hui il est venu avec un éclair et un gros macaron, mais il n'a pas pu les lui donner, l'entrée de la résidence lui ayant été interdite. Plus aucune visite n'est permise par mesure de sécurité sanitaire, et ce, pour une durée indéterminée. Il est donc reparti bredouille de la petite volupté qu'il s'apprêtait à lui offrir, et aussi privé du besoin de la voir, aussi chagrinants puissent être parfois les moments passés avec elle. Depuis des mois les rôles se sont inversés ; elle est l'enfant. Une très vieille petite fille drôle et insupportable, naïve et capricieuse, tendre et brutale tour à tour, idiote et rusée tout à la fois et surtout follement oublieuse. Il lui arrive de prendre son fils pour un de ses maris – elle en a eu trois –, et elle se plaint auprès de lui que sa propre mère, disparue depuis près de trois quarts de siècle, et pareillement sa fille Irina, morte des décennies auparavant, ne viennent jamais la voir. Elle le charge de leur faire part de sa tristesse et de son mécontentement, et aussi de saluer telle de ses connaissances, tel de ses amis, tous défunts. Avec lui, elle joue à théâtre ouvert à tous les vents de la mémoire et de l'oubli, et il endosse la totalité des rôles. Mais elle ne l'a jamais pris pour son propre père, comme si ce rôle-là était injouable. C'est pourtant de ce grand-père passé à la trappe qu'il a hérité son prénom, francisé en Serge, comme elle-même du patronyme féminisé, Feodora, dite Fénia. L'ancêtre s'appelait Sergueï Fiodorovitch. Un Russe blanc exilé en France dans les années 20 et qui, lors de l'Occupation, s'est si bien compromis avec les nazis qu'il a été liquidé sans procès dès les premiers jours de la Libération ; une balle dans le crâne sur le trottoir juste au bas de chez lui, personne ne s'est soucié d'enquêter. Il y a parfois des salauds tels qu'il n'est pas besoin d'en passer par les labyrinthes d'un procès en bonne et due forme pour faire enfin justice. Fénia a abandonné au plus vite son nom de famille frappé d'infamie en se mariant très jeune, puis, comme pour brouiller les traces, en changeant de mari et à nouveau de nom.

Il aimerait bien partager ce souci du grand âge de sa mère avec les membres d'une fratrie, mais celle qui lui en tient lieu est inconsistante. Sa sœur, née du premier mariage, est morte très jeune, il ne l'a pas connue. Quant à son frère, Lucien, un faux jumeau né à une heure d'intervalle, mais à plus de neuf cents kilomètres de distance, l'un à Nice, l'autre à Poitiers, il n'a fait sa connaissance que tardivement. Leurs relations sont restées longtemps superficielles, depuis une dizaine d'années elles se sont rapprochées du fait de leur proximité géographique survenue au hasard de leurs déménagements respectifs. Mais ce rapprochement laisse Serge sur sa faim, tant le comportement de Lucien est souvent déroutant, parfois même exaspérant.

L'un et l'autre ont très peu connu leur père commun. Quand Fénia avait appris que son mari la trompait de longue date et qu'il avait eu un enfant avec sa maîtresse, elle avait demandé aussitôt le divorce et l'avait expulsé de sa vie, de celle de Serge aussi par la même occasion. De son côté, la maîtresse avait été abandonnée rapidement, une autre avait pris sa place. Tous deux ont été élevés par des beaux-pères, le troisième mari de Fénia pour Serge, les amants suivants de sa mère pour Lucien. Il n'a jamais parlé à Fénia de cette relation qu'il a nouée avec son demi-frère, elle en aurait pris violemment ombrage.

Il tripote le ruban mauve de la boîte posée sur ses genoux, l'enroule autour de son index, le tortille, le déroule ; il ne sait que faire. Sa mère l'attend, elle ne va rien comprendre aux explications qui lui seront données, et si oui, elle les oubliera l'instant d'après. Et avec sa manie d'écorcher les mots, de déformer surtout ceux dont elle n'a pas l'habitude, elle va se plaindre du coronarictus ou coronacactus qui l'empêche de recevoir son fils – et avec lui, le cortège des disparus qu'il emmène chaque fois à sa suite. Il écarte la ficelle, entrouvre la boîte. Les gâteaux luisent dans leur ombre odorante, le long marron foncé, presque noir, et le gros rond vert pistache. Il hésite, en sort un, en grignote le bord. Il le repose aussitôt dans le carton, le goût de gras et de sucré lui lèche le cœur. Il se demande s'il se mettra à aimer à son tour les sucreries quand il sera très vieux, à s'en bâfrer, à gloutonner en se barbouillant le nez, les joues, le menton, comme un petit enfant. Plutôt mourir avant, se rassure-t-il, mais il sait qu'il se leurre, sa mère disait la même chose tant qu'elle était valide de corps et d'esprit, et elle l'affirmait avec détermination. Elle voulait mourir maîtresse d'elle-même, digne et lucide, et dans son appartement, que ce soit au salon dans un fauteuil face à la fenêtre ou allongée dans son lit, bien coiffée et élégamment vêtue, fût-ce d'une chemise de nuit, mais d'une qui soit raffinée, en soie ou en satin, rehaussée de dentelle, de boutons de nacre, sa longue étole en soie et cachemire bleu nuit à reflets jade et ardoisés autour des épaules. Parfois elle imaginait la scène, puis la complétait par celle de ses obsèques. Elle y conviait beaucoup de monde, imaginant les discours, les pleurs, les couronnes de fleurs. Ça l'amusait, la réconfortait. Depuis deux ans elle bascule de son lit médicalisé blindé d'alaises, de manettes, de barreaux de protection, à son fauteuil à assise absorbante, les fesses bardées de couches. Ses tenues sont des casaques en coton, des robes-sacs informes, des savates avachies. Elle s'en fout, elle ne s'en rend plus compte, sa vison a chuté et frôle la cécité, elle ne sait plus trop où elle est, ni même par moments qui elle est. Seuls lui importent les gâteaux, et son fils-qui-fait-foule, qui fait mémoire, souffleur, présence.

Quand il était petit, il aimait que sa mère lui raconte des histoires – en boucle. Encore, encore ! suppliait-il aussitôt le conte achevé, et elle devait recommencer de zéro, sans omettre un passage, pas même un mot, car il connaissait par cœur le récit. Le délice était dans la voix de la mère. Fénia, à la voix chaude et légèrement voilée. À présent c'est elle qui réclame, non des contes, mais des poèmes qu'elle a appris à l'école dans son enfance, ou les paroles et les airs de chansons qu'elle chantait dans sa jeunesse. Tout ce qu'elle a aimé ensuite semble s'être effacé. Elle a quelques points de fixation, une strophe d'un sonnet de Du Bellay, quelques vers de Verlaine, des lambeaux de chansons de Mouloudji, de Piaf, de Cora Vaucaire et de Judy Garland. Il lui arrive de déclamer tout à trac au milieu d'une conversation, ou du moins de ce qui en tient lieu, son Du Bellay, en respectant l'articulation des diérèses :

Si onques de pitié ton âme fut atteinte,
Voyant indignement ton ami tourmenté,
Et si onques tes yeux ont expérimenté
Les poignants aiguillons d'une douleur non feinte...

Là, elle cale et aussitôt saute par-dessus les vers oubliés, puis reprend plus loin, mais en accélérant le débit : *Ne te ris pour le moins des soupirs de ma plainte.* Et elle répète ce vers d'un air interrogatif. Ou bien elle chantonne de sa voix fêlée devenue fausse : *Un jour tu verras, on se rencontrera / Quelque part n'importe où guidés par le hasard / Nous nous regarderons et nous nous sourirons / et la main dans la main par les rues nous irons / Le temps passe si vite...* Et elle s'arrête, épuisée. Alors c'est lui qui lui prend les mains, lui sourit et lui parle jusqu'à ce qu'elle retrouve un peu de conscience. Quand elle s'énerve de ne pas retrouver tous les mots anglais de la chanson *I Got Rythm*, il les lui souffle lentement : *I got rhythm, I got music / I got my man / Who could ask for anything more ? / I got daisies, in green pastures /I got my man / Who could ask for anything more ?*

Vers et paroles bruissent dans sa tête en se mélangeant tandis qu'il joue avec la spirale de bolduc mauve comme avec une longue boucle échappée d'une chevelure de fée. La directrice de l'établissement l'a prévenu : plus de visites avant une date incertaine, plus de cadeaux, d'objets, de fleurs, rien. Il est tout de même censé pouvoir appeler sa mère, mais à certaines heures, car Fénia n'est pas toujours capable de saisir son téléphone pourtant posé sur sa table de chevet, ni de s'en servir sans aide. Et le personnel est débordé, car insuffisant. Il faudra donc être compréhensif et patient. De toute façon, a-t-elle ajouté, il est question d'étendre la restriction des sorties, des déplacements, à tout le monde, cela ne saurait tarder. Mais c'est quoi, ce Coronagugusse, se demande-t-il, exaspéré. Il regarde les gens autour de lui, les assis, les passants. Personne n'a l'air inquiet. En tout cas, pas ces deux-là, là-bas, qui papotent gaiement et rient très fort; heureusement que la femme a un joli rire. Ni ces trois joggeurs qui traversent le square au petit trot en tenue moulante, équipés de bandanas fluo et d'écouteurs sans fil lovés dans les oreilles comme des gros vers blancs, ils respirent l'énergie, la combativité... *I got rythm, I got music...* Et tous ces gamins qui courent en tous sens, ils ne se laisseront pas mettre en cage facilement.

Enfermées – c'est pourtant bien ce qui advient aux personnes parvenues à un grand âge, ou atteintes d'une maladie totalement invalidante, comme le sont les pensionnaires de l'établissement où réside sa mère. Un enfermement gigogne : dans leur corps impotent, dans les douleurs dont elles sont percluses, dans leur solitude, voire leur abandon, dans le fatras de leurs souvenirs rongés par les mites de l'oubli... et au bout de la série, tout au fond de la matriochka, la dernière poupée, minuscule et insécable, la mort. Parmi les pensionnaires, il y en a une que Serge aime bien, Fernande, une nonagénaire qui, si elle a perdu toute mobilité et complètement la vue, a en revanche gardé intactes ses facultés mentales. Elle ne reçoit jamais de visites, par refus. Elle sait que les quelques visiteurs susceptibles de venir la voir, en l'occurrence une nièce et deux neveux et peut-être aussi de lointains petits-cousins, dont aucun ne lui a jamais porté grande affection et encore moins d'attention dans le passé, le feraient par un vague sentiment d'obligation teinté de commisération, et poissé d'ennui. Elle n'est pas un objet de devoir, pas un prétexte à faire une B.A., la pitié molle la dégoûte et elle répugne à inspirer de l'ennui. Elle perçoit trop souvent dans la façon qu'ont certaines personnes de s'adresser aux gens âgés un ton mignard et complaisant, une condescendance bonasse, comme aussi bien le font tant d'adultes quand ils parlent à des petits enfants, ou à des simplets. Elle n'est pas retombée en enfance, elle n'est pas devenue gâteuse, elle ne veut pas de ces échanges bêtifiants tournicotant autour de sa santé et de sujets sans intérêt, d'évocations lénifiantes d'un passé réinventé ou du temps qu'il fait aujourd'hui, du menu du déjeuner... Elle préfère demeurer dans le silence, seule à scruter la nuit qui monte et s'accroît toujours plus dans son corps. Qu'auraient à faire ces braves membres de sa parentèle, encore dans la force de l'âge et dans les plaisirs et les soucis ordinaires de la vie, de ce qui se passe dans sa nuit intérieure ? Leur tour viendra un jour de s'aventurer dans cette grande nuit ; peut-être, ou pas. Mais lui, Serge, ce n'est pas ainsi, il aime sa mère, d'un amour à la fois filial et paternel, adulte et enfantin. Il l'aime, tout simplement, du début à la fin.

Une fois encore il se penche vers le carton à pâtisseries, ne sachant qu'en faire. Il ne les mangera pas. Les fourguer aux oiseaux ? Ils risquent ensuite de fienter du chocolat à la pistache sur les sièges. Autant les laisser sur place, quelqu'un peut-être sera content de l'aubaine. Il casse l'endroit du macaron qu'il a grignoté, remet le gâteau dans sa caissette en papier plissé à côté de l'éclair, referme le carton avec le bolduc et dépose le tout au milieu du banc avant de s'en aller.

Le quelconque

Il est celui qui voit l'aubaine, et la saisit.
Cette fois il ne revient pas à son banc, il emporte le carton et disparaît.

Émile

Elle s'était absentée un moment, partie faire ses courses. Alors qu'elle traverse le square pour retourner chez elle, elle reçoit un boulet dans les chevilles qui manque la faire tomber. Elle est sur le point d'exploser de colère contre le morveux responsable du tir quand elle voit la mère accourir, qui réprimande son fils et se confond en excuses. « Enfin, Émile, fais attention ! Dis pardon à la dame ! » Le garçonnet reste planté au milieu de l'allée, bras ballants, les yeux brouillés de larmes. La colère de Joséphine tombe d'un coup. « Émile ! répète-t-elle d'une voix adoucie. Ainsi tu t'appelles Émile ? Quel joli prénom tu as ! » Le petit baisse un peu la tête et l'observe par en dessous, l'air dubitatif et boudeur. « Ce n'est rien, dit-elle à la mère, vraiment ce n'est pas grave. Votre petit garçon est si mignon. » C'est vrai que le boulet en mousse couleur groseille ne lui a pas causé un grand mal. Elle fait une halte, se rassoit un moment, en profite pour inspecter son cabas. Elle vérifie qu'elle n'a rien oublié, sa liste à l'appui. Un pain aux céréales tranché, une bûche de chèvre crémeuse, trois pommes, une botte de radis, un demi-litre de lait, deux tranches de jambon de dinde, une petite plaquette de beurre salé et un sachet de sablés au citron fondants. Il ne lui manque rien, seulement le nouveau numéro de sa revue, il ne sera en kiosque que la semaine prochaine. Elle sent des gouttes lui mouiller le front, les mains.

Émile a encore fait des siennes, il a envoyé valdinguer son ballon dans les buissons qui bordent les grilles du square. « Va le chercher, lui ordonne sa mère, et dépêche-toi, il commence à pleuvoir. » Il court en direction des buissons, se penche vers l'un vers l'autre, soudain il pousse un cri de panique et repart à toute vitesse auprès de sa mère. « Et ton ballon, tu l'as trouvé ou non ? – Non oui je sais pas…, hoquette l'enfant, j'ai vu un diable tout noir avec des yeux tout rouges… – Un diable dans les buissons ? Tu racontes vraiment n'importe quoi ! Et vois dans quel état tu t'es mis, tout débraillé, les mains sales. Alors, ce ballon ? Encore un de perdu ? Tu n'en auras plus, tu les perds tous. – Pas perdu, c'est le diable qui l'a pris !

– C'est ça, le diable, avec des cornes et des sabots peut-être ? – Non, des yeux rouges. – Allez, ça suffit, on y va avant d'être trempés. » Elle le tire par la main pour qu'il accélère le pas, il avance en aveugle, la tête tournée vers les buissons.

La pluie tombe dru à présent et chasse d'un coup tous les visiteurs encore attardés dans le square. Joséphine prend son cabas, ouvre son parapluie et se hâte à son tour vers la sortie. Mais la scène du ballon perdu l'a intriguée. Qu'est-ce qu'il a bien pu voir, ce petit Émile, qui l'a fait se sauver ainsi à toutes jambes ? La pluie s'arrête aussi brusquement qu'elle a éclaté. Une giboulée à gros grains mais très passagère. Joséphine secoue son parapluie et le referme pour récupérer l'usage de la canne. Titillée par la curiosité, elle va fureter du côté des buissons, elle en écarte les branches du bout de sa canne. Elle pressent, elle devine, et pourtant, quand elle voit, elle réprime un cri, fait un petit bond en arrière et de surprise laisse tomber son cabas. Nom d'un zeuzère ! s'exclame-t-elle en sourdine.

L'Indéfini

Il est là, couché à même le sol, tout ruisselant de pluie, de fièvre, les deux mélangées. Il tient pressé contre sa poitrine le ballon de mousse. Il tremble. Le blanc de ses yeux est rouge vif. Il a des miettes vert pistache à la commissure des lèvres, des larmes couleur groseille à celle des paupières. Son regard est à la fois violent et suppliant, si proche à en brûler la vue et si lointain, absent. Joséphine oscille imperceptiblement, appuyée à sa canne. Un grand vide s'est fait dans sa tête, elle ne pense rien, elle voit. Elle ne sait pas ce qu'elle voit, elle ne pourrait pas le dire, le décrire. Elle voit, cela suffit, cela l'occupe tout entière. Elle voit un jeune homme terrassé de fatigue, de fièvre, de peur, de faim.

Ils se regardent, lui couché, yeux rouges pupilles noires, elle debout, à peine inclinée vers lui, yeux de bronze pupilles fixes. Elle voit à terre un visage où luisent la vie la mort mêlées, un appel consumé de silence, un espoir fusionné avec la détresse. Il voit au-dessus de lui un visage blanc comme un halo de lune, deux yeux étroits comme des cosses de haricots, une bouche mince qui ne dit rien. Une vision, peut-être, sa vue est si troublée. Ses paupières se ferment à moitié. Elle reprend son cabas, se détourne, fait quelques pas, s'arrête. Elle revient, pose son sac, se baisse et en sort un à un les produits qu'il contient. Elle les aligne le long du corps étendu, esquisse un drôle de petit salut et s'en va à pas pressés. Nom d'un zeuzère, nom d'un wayang ! se répète-t-elle dans sa tête si vide qu'elle en a le tournis.

II

LUNE SOLITUDES

Suppose

Que la lune apparaisse
Quand nous ne voulons pas

Et que je te demande
De tout accepter d'elle

Pour qu'elle aille sa route
Et nous laisse à nous-mêmes.

              Eugène Guillevic

                                          Le voleur
                                          a tout pris sauf
                                        la lune à la fenêtre

                                                    Ryokan

Émir

Dès le troisième jour du confinement, il s'est construit une hutte dans un angle de sa chambre. Il a réclamé à son père la grande couverture polaire pliée en haut du placard et l'a tendue entre un meuble et des chaises, coincée avec des objets assez lourds. Puis il a entassé dedans quelques coussins et y a rassemblé ses jouets préférés ; il y a surtout installé sa peluche géante éléphant. Le jour, Fanfou est en position assise, Émir se glisse entre ses pattes et s'adosse à son ventre. Le soir, il bascule Fanfou sur le côté et dort blotti contre lui, la bedaine moelleuse lui sert d'oreiller, il rabat une des larges oreilles sur son visage et enlace la trompe bourrelée. Il y a aussi deux lapins, une chouette et un dauphin, mais ils sont de petite taille. À l'entrée de sa tente, il poste sa peluche poulpe avant de s'endormir. L'octopode monte la garde ; ses bras sont un peu mous, mais ils sont au nombre de huit, ce qui reste impressionnant. Il s'est également muni d'une lampe torche et de quelques réserves de biscuits et bonbons. Il peut tenir le siège. Personne – mais à part son père, il n'y a personne dans l'appartement – n'a le droit de rentrer dans sa hutte, hormis les peluches, les fées, les djinns, les sylphes et les anges. Fanfou est tout cela, en fait, avec ses oreilles et sa trompe qui sont des sortes d'ailes et sa douceur veloutée pareille à une caresse angélique. On dit les djinns nés d'une flamme très pure, « d'un feu sans fumée ». Émir pense qu'un peu de cette flamme couve toujours au creux du ventre de son éléphant.

Il passe beaucoup de temps dans sa hutte, conversant à voix basse avec telle ou telle peluche, jouant à divers jeux, il s'aventure dans l'appartement aux heures des repas, puis pour suivre les cours que lui dispense son père qui s'improvise brièvement instituteur avant de retourner à son télétravail, et aussi pour regarder des dessins animés à la télévision.

Il n'aime pas sortir, les courtes promenades autorisées autour du pâté d'immeubles en compagnie de son père n'ont plus de saveur car il n'a pas le droit de courir, ni de jouer au ballon. Le square est fermé, et de toute façon il n'a plus de ballon. On lui en a promis un nouveau dès que la permission d'aller et venir librement dans les rues et les espaces publics sera rendue. La nuit, il dort dans son refuge. Avant de s'endormir il allume sa lampe torche et en balade le faisceau tout autour et au-dessus de lui, semant sur la couverture des flaques rougeâtres et mouvantes. Il a l'impression d'être à l'intérieur de son ballon rouge. Il y pense souvent, ainsi qu'à la vieille femme et au diable couché sous les buissons ; ça forme un trio dans sa tête. Il revoit les yeux de la vieille, comme ils ont changé d'un coup d'expression, de couleur, passant d'un vert méchant à un vert lumineux, et il l'entend l'appeler Émile d'une voix tendre. Mais ce n'est pas son nom, lui, c'est Émir, on se trompe tout le temps et ça l'agace. Il y tient à son prénom, c'est un titre de noblesse, ça veut dire prince ou chef. D'habitude, il rectifie, ce jour-là il n'a pas osé, la vieille femme aurait pu se fâcher à nouveau. Et celui qui retenait son ballon serré contre sa poitrine, était-ce une créature surnaturelle, un esprit de la terre et du feu ? Un diable maladroit tombé du ciel et ne sachant plus se relever ? Un djinn bon ou mauvais ? Son regard était si étrange, il semblait brûler comme du charbon, mais sans feu ni fumée. Alors, il n'était peut-être pas aussi redoutable qu'il l'avait cru ?

C'est le monde qui est bizarre, les adultes, la vie, les choses. Soudain, tout est à l'arrêt, tous les gens s'enferment, et quand ils sortent c'est sans nez ni bouche qu'ils cachent sous un masque. On dirait qu'ils sont tous blessés, qu'on leur a mis un gros pansement sur la moitié du visage. Sa mère a quitté la maison. C'est pour les protéger lui et son père, lui a-t-on expliqué. Les protéger de quoi ? C'est idiot, c'est quand elle est avec lui qu'elle le protège, pas quand elle est absente. Elle lui parle chaque jour au téléphone, il la voit sur l'écran, mais ce n'est pas pareil, et après il a envie de pleurer. Le soir, son père ouvre grand la fenêtre et tous les deux, lui grimpé sur une chaise pour mieux voir au-dehors, ils applaudissent. « C'est ta maman qu'on applaudit, et tous ceux qui travaillent comme elle », lui dit chaque fois son père. Encore un truc idiot, il applaudit dans le vide, sa mère ne peut pas l'entendre, elle est trop loin, de l'autre côté de la ville ; mais ça lui fait quand même plaisir. Et puis, qui sait, peut-être après tout qu'elle l'entend, qu'elle reconnaît le bruit que font ses mains parmi les milliers d'applaudissements qui retentissent dans les rues désertes.

Un soir, après la séance d'applaudissements, au lieu de devoir filer se coucher comme d'habitude, il a l'autorisation de rester un peu plus longtemps pour assister à un phénomène exceptionnel qui va se produire dans le ciel. Son père lui parle de l'espace céleste, des planètes et des cycles des astres en attendant que le jour soit tout à fait tombé, et quand la lune enfin se fait visible, bien que brouillée par la pollution lumineuse, il sort une paire de jumelles astronomiques qu'il règle pour les ajuster à sa vue. Émir regarde à travers les lentilles, la lune est décuplée, très brillante, parsemée de taches sombres. C'est à la fois très beau et inquiétant. Va-t-elle s'approcher jusqu'à toucher la Terre, la bousculer ? Son père lui dit qu'elle est en effet très près, mais tout est relatif, cette proximité est tout de même de 356 000 kilomètres environ. Alors si on peut voir si bien un astre à une telle distance, pourquoi ne peut-il pas voir sa mère de l'autre côté de la ville, ce qui est tout de même beaucoup moins loin ? L'explication que lui donne son père ne le convainc pas vraiment.

Blotti au creux de sa hutte contre le ventre de l'éléphant, Émir voit défiler des images sous ses paupières, toutes en gros plan, comme si les lentilles des jumelles s'étaient collées à ses yeux. Le visage de sa mère a la brillance de la lune, les yeux verts de la vieille dame sont des lacs tout en longueur et ceux du djinn noir rougeoient ainsi que des rochers en feu. Où est-il passé, celui-là ? S'est-il retiré sous la terre, consumé jusqu'aux cendres, dissous dans les buissons, s'est-il envolé avec le ballon jusqu'à la lune ? Le monde visible est devenu aussi incompréhensible et affolant que l'invisible. Tout est possible, tout est insensé, tout est effrayant.

Merlin

Travailler à domicile ne lui pose pas de difficultés, depuis qu'il a quitté l'enseignement il pratique le télétravail en alternance. Il n'alterne plus, voilà tout, et comme l'activité de l'agence d'architecture d'intérieur avec laquelle il collabore est actuellement au ralenti, il en profite pour fignoler les dossiers des rares projets qui sont maintenus, pour faire aussi du ménage dans la paperasse régnante, et surtout pour se remettre au dessin et à la peinture pour son seul plaisir. Il dispose de tout son temps et de tout l'espace de l'appartement, Sybil, partie voir ses parents en Irlande, s'y est trouvée piégée et ne rentrera que lorsque les déplacements seront à nouveau autorisés.

Une inspiration lui est venue après les furieuses batailles autour du papier-toilette auxquelles se sont livrées certaines personnes saisies d'un syndrome de hamster hystérico-hygiéniste, à croire qu'elles envisageaient d'uriner avec une abondance digne des chutes du Niagara et de déféquer comme des pachydermes tout au long du confinement. Les choses étant rentrées dans l'ordre, il a fait provision de quelques paquets dans l'idée d'illustrer cette grande guerre du P.Q., qui, à défaut d'atteindre une gloire homérique, a battu un record honorable dans l'ordinaire compétition de la bêtise et de la mesquinerie. Il a découpé de longues bandes du précieux papier, les a collées sur des lanières de toile taillées dans un drap et a dessiné sur chacun de ces rouleaux une forêt en continu pour rappeler que chaque année plus de dix millions d'arbres sont abattus afin de fabriquer cette douce torchette pour troufignons conchiés. Un long cortège d'arbres de tailles diverses, tracés au feutre rehaussé d'aquarelle, se détache sur fond de ciels changeants. Sur certaines bandes, les arbres sont vert foncé, presque noirs, et le ciel vert absinthe, sur d'autres, c'est l'inverse. Il intitule sa série « Procession d'arbres pénitents au crépuscule ». Il accroche ensuite ses rouleaux peints sur tout le pourtour de la balustrade de son balcon. Quand il pleuvra, feutre et peinture dégoulineront ; il renommera alors la série « Chant de la pisse verte après la pluie ». Ses voisins de gauche comme de droite, du dessus et du dessous, avec lesquels il échange dorénavant salutations courtoises, papotages et parfois des apéritifs cloisonnés, chacun sur son petit arpent de béton suspendu, se tordent le cou pour examiner son œuvre, sans bien saisir de quoi il s'agit. Celui du dessus a frimé en lui disant que, regardées depuis la rue, ses frises lui rappelaient les rouleaux peints de la tradition chinoise. Quelle époque a-t-il prise pour modèle, lui a-t-il même demandé d'un air fanfaron, Tang, Song, Yuan ou Ming ? La nôtre, s'est contenté de répondre Xavier. Il n'aime pas ce type dont il a découvert récemment le caractère colérique et brutal. Jusque-là il n'avait fait que le croiser dans les escaliers, dans l'ascenseur ou dans le quartier ; un quadragénaire d'une élégance désinvolte, plutôt sympathique, souriant. Un banal salaud dès qu'on l'encage, qui sort de ses gonds pour un rien et qui hurle contre sa femme, leurs deux enfants, lesquels crient à leur tour, ou pleurent. Il le soupçonne de leur flanquer des claques et de s'en prendre aussi à la vaisselle, aux bibelots, aux meubles ; tout lui est punching-ball. Il y a d'autres couples ou familles dans l'immeuble et ceux des alentours chez qui les relations s'échauffent ont des montées de fièvre, des bouffées de rage et d'exaspération. Il ne voit rien, la colère joue à guichets fermés, mais il entend tonner des voix, claquer des portes et des fenêtres. Finalement, il est préférable que Sybil et lui soient séparés pendant ce confinement, ils s'épargnent peut-être des emportements et des querelles qu'ils auraient ensuite à regretter, et leurs retrouvailles auront un goût de fête. Il a filmé son travail achevé et lui a envoyé la vidéo. Elle lui a suggéré un autre titre, encore plus bête que les siens, « Défilé des condamnés à merde », ce qui l'a rassuré sur l'harmonie à distance de leur désabusement.

La fille de ses voisins de gauche, après observation des pans de la frise visibles de son côté, lui a demandé s'il s'agissait de silhouettes d'humains, d'arbres, de fantômes ou de flammes. Elle a posé sa question avec un grand sérieux, d'un air soucieux même. Elle s'appelle Lola, elle a sept ans, une voix flûtée qui se voile par moments. Xavier lui a répondu que c'étaient bien des arbres, mais que ceux-ci peuvent prendre des formes humaines, devenir fantomatiques dans la brume, et se transformer en immenses flambeaux lors d'incendies. Il n'a pas osé ajouter qu'on peut aussi les réduire en torche-culs. « C'est bien ce que je pensais », a dit Lola, pensive, puis, tout à trac, elle a levé vers lui ses yeux très noirs et ronds, et lancé : « Tu crois aux fantômes, toi ? » Là, pris de court, il a donné une réponse évasive, disant que les fantômes sont des rêves éveillés, des vibrations de l'invisible dans le visible, comme la poussière qui luit et tournoie dans un rayon de soleil. Elle a continué à l'interroger sur ce qu'elle ignore et qui la tracasse, passant sans transition d'une idée à une autre, d'une préoccupation à une autre.

À présent il voit chaque jour la fillette, en fin de matinée. Il a renoué avec son métier d'autrefois, pour elle seule. Il lui enseigne le dessin, l'art des couleurs, il lui montre des reproductions de tableaux, les lui commente, chacun dans sa cage à quelques mètres de distance. Les parents de Lola sont ravis, pendant ce temps ils n'ont pas à s'occuper d'elle, et surtout ils voient combien leur fille prend plaisir à ces cours informels, elle passe ensuite des heures à dessiner, colorier, inventer des histoires qu'elle soumet, une fois achevées, à Xavier, qu'elle appelle Monsieur Merlin, comme l'Enchanteur qu'elle a découvert dans un dessin animé. Cette légende l'émerveille car le magicien a le don de se métamorphoser en oiseau, de parler avec les arbres, les éléments, les animaux, de voyager dans le temps, de se rendre invisible dans un pommier, et il vit en union avec la forêt. Elle aimerait devenir à son tour un oiseau, ou un nuage, ou un arbre marcheur pour quitter l'appartement, retrouver ses camarades, revoir ses grands-parents, aller à la campagne, à la mer. Elle dessine des pommiers plantés sur des nuages en dérive dans le ciel ou bien dont les branches se déploient comme des ailes. Le ciel chaque fois est immense, la Terre, en bas, très bas, minuscule.

Le surlendemain de la nuit de la super-lune, Lola lui montre le dessin rehaussé de gouache que cette vision lui a inspirée. C'est un face-à-face entre la Terre – dont une partie seulement est représentée sous la forme d'un demi-cercle bleuté, dans l'angle inférieur gauche de la feuille – et la Lune – qui occupe presque tout l'espace, couleur de paille tachetée d'ombres orangées. On dirait deux têtes rondes en vis-à-vis, et Xavier a l'impression de deux personnes qui se regardent droit dans les yeux, la lunaire dominant de sa clarté et de son calme la terrienne assombrie et maussade.

Xavier lui raconte des histoires de lune, et d'autres, dont *Le Merveilleux Voyage de Nils Holgersson à travers la Suède*. Nils aussi a subi une longue période de confinement, sous la forme d'un rétrécissement, et il en est sorti transformé. Lola écoute ces récits avec passion, les mains serrées aux balustres du balcon, ses yeux arrondis et brillants comme des ocelles noirs. Une petite fille-papillon captive, mais si rêveuse et imaginative qu'elle parvient à dilater la cloche sous laquelle elle se trouve enfermée.

Les conciliabules de Xavier et de Lola finissent par éveiller l'intérêt du voisin de droite. Un soir, juste après le rituel des applaudissements, ce voisin se tourne vers lui et lui demande : « Votre femme est anglaise, je crois ? – Irlandaise, rectifie Xavier. – Ah... Mais vous parlez certainement très bien l'anglais ? – Disons, assez bien. – Heu..., accepteriez-vous de discuter un peu en anglais avec mon fils, oh juste de temps en temps ! Il devait se rendre à Londres pour un séjour linguistique mais évidemment celui-ci n'aura pas lieu... alors, je me suis dit que, peut-être, vous pourriez, quand vous en aurez le temps, bien sûr, et si ça ne vous dérange pas, discuter avec lui dans cette langue, cela lui serait très bénéfique... » En échange de ce service, il lui propose de lui apprendre des rudiments de letton, langue d'origine de sa mère. Devant l'air perplexe de Xavier, le voisin concède que le letton n'est certes pas une langue très répandue avec son million quatre cent mille locuteurs environ dans le monde, mais elle est fort belle et mérite d'être apprise autant, et même davantage, que le russe qui ne cesse d'essayer de la bouffer, de l'étouffer, comme toutes les langues des pays qu'ils ont colonisés. Ces arguments, assénés avec fougue, ne convainquent cependant pas Xavier de l'utilité pour lui d'apprendre le letton, et il décline l'offre. Le demi-Letton se montre opiniâtre, non dans son désir de lui enseigner la langue de sa lignée maternelle, qu'il ne maîtrise en réalité que très mal et ne pratique presque jamais, mais dans celui de trouver un répétiteur d'anglais pour son fils, privé de lycée depuis déjà trop longtemps et pour une durée encore indéterminée. Et puis, la vérité est que chaque jour qui passe lui coûte cher, toujours plus cher, son métier ne relève pas du télétravail, il est restaurateur et ne sait pas comment il pourra payer ses trois employés à la fin du mois, et le loyer de son magasin, et si ça continue, celui de son appartement. Il n'en parle pas directement, il sauve la face, mais Xavier devine une grande anxiété. Par faiblesse et à contrecœur, il finit par accepter tout en se maudissant lui-même intérieurement. Il a aperçu plusieurs fois le garçon sur le balcon, un grand échalas qui se tient la tête dans les épaules, les cheveux rejetés vers l'avant pour cacher son acné, mais s'il réussit à masquer celle du front, il laisse lamentablement à découvert celle qui grumelle sur son nez, lequel est volumineux. Les métamorphoses du corps ne sont pas toujours enchantées, du moins le temps que dure le processus.

L'adolescent, prénommé Jules, se révèle plus fin et réfléchi que ne l'avait hâtivement supposé Xavier. Trop complexé pour oser beaucoup parler, il se montre en revanche très attentif à ce que lui dit son prof de fortune, répétant à mi-voix les phrases entendues. Après quelques séances, comme s'il lui avait fallu ce délai pour se sentir en confiance, Jules tend un livre à Xavier par-dessus le garde-fou. C'est *Animal Farm*, de George Orwell. Il craint que cette fable animalière ne soit toujours d'actualité, que dans la foulée du désastre provoqué par la pandémie, des régimes totalitaires n'en profitent pour asseoir leur pouvoir comme l'ont déjà fait de trop nombreux pays sans attendre cette funeste aubaine, et il cite les noms de plusieurs de ces actuels verrats imbus d'eux-mêmes, qui se vautrent sur leurs peuples comme sur une litière et transforment leur pays en une énorme mangeoire privée. Quand il s'anime, Jules secoue la tête et sa longue frange se soulève, découvrant de beaux yeux noisette au regard candide et révolté. Un vrai moucharabieh que ce grillage de cheveux, et ça énerve Xavier, mais il ne se permet pas de commenter la défense capillaire derrière laquelle s'abrite le garçon ; après tout, lui aussi s'est érigé des défenses contre certains assauts de l'extérieur, elles sont simplement plus discrètes.

Jules est soucieux, et son inquiétude est à tiroirs multiples, il redoute l'avenir tant pour ses parents que pour lui-même, tant pour la société que pour l'ensemble de la planète, tant pour les humains que pour les animaux. Tous les éléments s'emboîtent, se bousculent dans sa tête et dans tout son corps agité de petits soubresauts. Il aimerait être rassuré, mais non par des mensonges, des propos vagues. Xavier peine à trouver des paroles qui ne soient ni alarmistes ni lénifiantes ou explicatives à bon compte, et cela relève d'un funambulisme mental.

Ainsi passe-t-il ses journées, transhumant d'un coin de son balcon à l'autre, migrant de l'enfance à l'adolescence et retour, d'un désarroi à un autre, et se postant le soir en son milieu à l'heure des applaudissements qui se prolongent souvent en palabres avec le voisinage avant de rejoindre Sybil via Internet. Le reste du temps, il dessine moins qu'il ne lit ou plutôt qu'il n'étudie des peintures représentant des fenêtres. Elles sont légion, ce motif ayant inspiré nombre d'artistes au cours des siècles, mais les tableaux qui retiennent son intérêt ne sont pas ceux qui utilisent les fenêtres comme des ouvertures sur l'extérieur, rue, jardin, mer, paysage, ciel, ni comme des cadres pour mettre en valeur un personnage ou un chat contemplatif, ce sont ceux dont le sujet est la fenêtre seule, dépouillée de tout élément décoratif et narratif, et close. Rectangles où filtre la lumière à travers les fentes d'un volet, la blancheur d'un voilage, ou simplement la nudité des vitres. Parmi ses préférés, il y a les tableaux de baies vitrées et de portes blanches entrouvertes sur des chambres ou des corridors vides de Vilhelm Hammershøi, purs poèmes visuels, le *Soleil dans une pièce vide* d'Edward Hopper, ode géométrique au rien, les *Persiennes vertes* d'Albert Marquet. Ce dernier le touche particulièrement sans qu'il sache bien pourquoi. Ce n'est pas le plus beau de Marquet, il est d'une grande sobriété, monochrome – une déclinaison de verts, du foncé au jaune ocreux et ivoire ; l'embrasure semble peu profonde, les montants sont étroits, les panneaux de la fenêtre sont large ouverts, tendus vers l'intérieur comme des bras frêles, les volets à claire-voie presque clos ne laissent pénétrer que de minces rais de lumière. L'émotion tient peut-être au fait que Marquet a peint ce tableau vers la fin de sa vie, un tableau pauvre qui dit juste, à voix ténue, une dernière fois, sa passion pour la lumière dont le secret demeure intact.

Il observe aussi des toiles de Mondrian, de Cy Twombly, de Rothko et de Soulages, où le tableau non figuratif est un plan coloré ou magnifiant le noir, et qui par lui-même s'impose fenêtre, trouée vers un dedans abyssal, vers l'inconnu, vers la source insituable de la lumière, encore et toujours. Parfois, il lui semble entrevoir, très furtivement, quelque chose de cette troublante échappée dans un reflet qui allume une lueur plus intense sur l'iris noir des yeux de Lola ou une once d'or dans le brun orangé des yeux de Jules. C'est minuscule, très éphémère, un presque-rien vertigineux qui ébranle en lui les sédiments du temps au fond desquels sommeille sa propre enfance, qui soudain se réveille, posant alors sur lui un regard interrogateur, provocant dans son ingénuité. Et le visage doux et anxieux de Corentin lui apparaît à son tour, rapide comme un battement d'ailes.

Merlin, ce n'est pas lui, ce sont Lola et Jules qui ne veulent pas renoncer à leurs rêves, et en amont c'est l'oiseau Corentin qui s'est envolé droit vers le soleil. Mais l'enchanteur Merlin a aussi sa part d'ombre, à l'origine on le disait tourmenté, sauvage et sujet à des crises de folie. Lola et Jules ont une folie très douce encore, fragile et pensive, celle de Corentin s'est exaltée dans une bouffée de chagrin, de révolte et de soleil mêlés.

Yllka

La venue du fils de Madame Georges est reportée à une date indéfinie, le pays où il habite avec sa femme a fermé ses frontières. Ce contretemps la contrarie fortement, elle a beau en comprendre la cause, elle ressent cet empêchement comme une défection, un abandon. Elle les voit si peu, deux semaines, au mieux trois, par an, elle-même ne peut plus aller leur rendre visite, le voyage est trop long, éreintant. Elle en veut presque à Stella d'être présente, elle, comme si elle usurpait une place qui ne lui revient pas. Pourtant, elle a besoin de ses services plus que jamais, puisqu'elle ne peut plus sortir, même accompagnée, à cause de l'état d'urgence sanitaire. À présent qu'elle n'a plus d'autre contact qu'avec cette personne qui lui demeure étrangère, elle se met à la regarder avec plus d'attention quand elle s'affaire chez elle au ménage, range les courses dans les placards, vérifie le bon arrosage des plantes disposées dans son salon, deux philodendrons, un palmier nain, un ficus et quelques autres. Elle constate qu'elle a les doigts verts, les plantes n'ont jamais été aussi robustes et brillantes depuis qu'elle en prend soin. Elle aimerait être une plante, elle aussi, pour retrouver de la vigueur grâce à de simples aspersions d'eau adroitement dosées. Cela lui rappelle un conte qui l'effrayait enfant, tout en aimant l'entendre, l'histoire d'une jeune fille qui remplissait chaque jour un arrosoir de soleil et de chants d'oiseaux pour en verser le soir le contenu sur la tombe de son fiancé. Au bout d'un an celui-ci lui apparut, le corps tissé de rais de soleil, babillant comme une volée de chardonnerets, de pinsons et de moineaux, mais la jeune fille ne put ni le toucher ni échanger de paroles avec lui, car dès qu'elle approcha sa main il se dispersa en une fine nuée de particules solaires. Elle remplit alors son arrosoir de sable et de petits cailloux, de bruits d'insectes et de vent. Le garçon lui apparut à nouveau, le corps vibrant de poussière et de crissements ; elle ne put le toucher davantage, dès qu'elle le frôla il se pulvérisa dans un long sifflement. Elle essaya avec des lueurs d'éclairs et des fracas de foudre, mais le résultat fut le même, l'apparition fulgura, l'éblouissant, et s'effaça aussitôt. À la fin elle pencha son visage vers l'arrosoir et parla, cria dedans jusqu'à le remplir à ras bord de mots, d'appels plaintifs et d'apostrophes brutales, de cris filant de l'aigu au rauque, et à sa voix déversée en trombe se mêlaient de sa salive, de ses larmes, de sa sueur, et même un peu de son sang écoulé de sa gorge mise à feu. Elle vida brutalement ce contenu vocal sur la tombe. Le jeune homme surgit devant elle, il n'était plus que loques de chair racornie et brunâtre. Elle recula, incapable de proférer le moindre son, sa gorge était brûlée d'avoir tant crié et l'effroi la paralysait, mais lui s'approcha d'elle et il l'empoigna. Cette fois, c'est elle qui se désagrégea, elle disparut dans un poudroiement de givre, de cendres et de sang. Seule demeura sa voix, qui s'est dissoute dans le vent. On peut encore l'entendre certains soirs feuler tout bas dans les feuillages, ou dans les herbes, à ras de terre.

Elles échangent peu de paroles, des phrases courtes, utilitaires, comme au début, mais Madame Georges devient plus sensible aux intonations et inflexions de la voix de Stella, à sa façon de prononcer certaines voyelles et au léger roulement de ses « r », à une certaine lenteur aussi de son phrasé, et à des accentuations décalées. Stella a mentionné lors de leur première rencontre, fortuitement, qu'elle était d'origine italienne, mais son accent est différent. Elle ne la questionne pas à ce sujet, ce serait déplacé, Stella est très réservée, farouche presque, et puis, c'est sans importance, et il est bien que chacune continue à respecter le territoire de l'autre. Cependant un matin où la jeune femme, montée sur un escabeau, est en train de laver les fenêtres du salon, Madame Georges, qui la regarde faire, relève un détail qui la frappe péniblement. Chaque fois que Stella étire les bras pour passer la raclette puis un chiffon sur le haut d'une vitre, son tee-shirt remonte, dénudant le bas de ses reins, tandis que les manches glissent, découvrant ses avant-bras. Reins et bras sont zébrés de cicatrices qui semblent provenir de lacérations et de brûlures. La femme a dû être victime d'un accident, d'un incendie peut-être. Madame Georges, aussi impressionnée soit-elle, ne se permet là non plus aucune question. Mais Stella semble avoir senti que l'autre l'examinait avec curiosité et elle rajuste brusquement son tee-shirt, puis elle mesure ses gestes avec précaution, et quand elle descend de l'escabeau elle jette un tel regard à Madame Georges que celle-ci en baisse les yeux de confusion et quitte bientôt la pièce en s'efforçant de paraître indifférente, désinvolte presque, comme si soudain elle avait à faire ailleurs.

Les jours suivants, la relation entre les deux femmes se poursuit sur le mode de distance courtoise qui est le leur depuis le début, leurs conversations restent brèves, anodines, impersonnelles. Mais leurs regards ont changé, sans même qu'elles en aient conscience. Celui de Stella a quelque chose de plus tendu et de plus las, celui de Madame Georges quelque chose de plus attentif, discrètement interrogateur. Ce qui se dit en elles, et confusément entre elles dans ces instants en apparence quelconques où leurs regards se croisent, remue en chacune des eaux obscures.

Un après-midi, Madame Georges, occupée à lire un roman dans sa chambre, entend un cri qui l'arrache à sa lecture. Elle se lève, mais trop précipitamment, et retombe sur son fauteuil, prise de vertige. Le cri, qui vient de la salle de bains, se transmue en une plainte sourde. Elle réussit enfin à se relever et se met lentement en mouvement, appuyée à sa canne. La porte de la salle de bains est entrouverte, elle la pousse et découvre Stella adossée contre un mur, jambes à demi fléchies, une main pressée contre son ventre, l'autre contre sa bouche. « Vous avez un malaise, vous êtes malade ? » s'inquiète Madame Georges en s'approchant. Mais l'autre reste dans sa position de boxeuse groggy près de s'effondrer, les yeux fixés sur le miroir accroché au-dessus du lavabo, marmonnant dans sa paume un mot incompréhensible. Merimangë,

merimangë… C'est alors que Madame Georges aperçoit une grosse araignée à longues pattes postée au milieu du miroir. Elle a beau ne pas être arachnophobe, elle ressent un haut-le-cœur devant cette bête sombre plaquée sur son propre reflet, mais devinant la terreur qu'elle inspire à Stella, elle procède avec précaution à son élimination ; ces bestioles sont en fait craintives et pourraient filer à vive allure se cacher dans un coin. Madame Georges va chercher un verre dans la cuisine dont elle ouvre la fenêtre, elle détache une des cartes postales que lui envoie son fils et qu'elle scotche sur la porte de son frigo, puis elle revient capturer l'araignée qu'elle transporte dans sa cage de verre fermée par la carte, et la balance par la fenêtre. Quand elle revient dans la salle de bains, elle trouve Stella à genoux devant les toilettes, la tête penchée sur la cuvette, les épaules secouées de convulsions. « C'est fini, dit-elle, j'ai jeté la sale bestiole par la fenêtre, la voilà loin d'ici, vous n'avez plus rien à craindre. » L'autre se relève en titubant, elle voudrait parler, s'excuser, mais elle n'en a pas la force, elle reste adossée au mur, elle tremble, comme prise d'une bouffée de fièvre. « Je vais vous préparer un bain, déclare Madame Georges, décontenancée devant la violence de la réaction de la femme. Un bain très chaud, ça vous fera du bien. » Elle ferme la bonde de la baignoire, verse de l'huile de bain et ouvre en grand les robinets. « C'est de l'huile aux fleurs des champs, elle ne mousse pas mais elle est excellente pour détendre et tonifier. Vous savez où sont rangées les serviettes. Au fait, pendant que j'y pense... » Elle se tourne vers le petit placard à pharmacie, fouille dans le fatras de boîtes, tubes et atomiseurs entassés dedans, finit par en extirper un flacon d'huile essentielle de menthe poivrée dont elle sème des gouttes en différents endroits de la salle de bains. « C'est un répulsif efficace contre les araignées, explique-t-elle pour rassurer Stella et l'encourager à entrer dans la baignoire. Avec ça, vous serez tranquille, elles ne voudront plus entrer. Bon, je vous laisse, prenez votre temps, et appelez-moi si vous vous sentez à nouveau mal, je serai à côté, dans le salon. »

Allongée dans l'eau onctueuse dont la vapeur embrume la pièce, Stella ne parvient pas à se détendre. Pourtant, c'est un plaisir rare qui lui est offert, d'habitude, les baignoires, elle n'y entre pas, elle les récure. Dans la studette-cagibi qu'elle loue, un lavabo d'angle lui tient lieu de salle de bains. Une question revient en boucle dans sa tête – la même question depuis près de quinze ans. Sa mère savait-elle ? Savait-elle ce qu'elle faisait en l'incitant à partir tenter sa chance en Italie, en contactant pour elle cette agence de recrutement qui proposait un panel varié d'emplois à l'étranger dans les domaines de la coiffure et de l'esthétique, du baby-sitting ou des services aux personnes âgées, dans la restauration, la domesticité, la mode, le mannequinat... ? Savait-elle à qui elle confiait sa fille alors âgée de dix-sept ans pour effectuer le voyage jusqu'en Italie ? Certes, sa mère était une femme sans éducation, mais non sans jugeote ni curiosité. Certes, c'était une femme plutôt rude, peu encline aux effusions de tendresse, mais non dépourvue de cœur pour autant. Certes, leur famille était pauvre, mais pas miséreuse, la petite ville où ils vivaient assez paumée dans le nord du pays, mais pas un bled arriéré. Donc, elle aurait pu se douter, elle aurait dû au moins flairer quelque chose de louche derrière ces propositions alléchantes. Savait-elle qu'elle ne reverrait jamais sa fille ? Oui, Stella en est persuadée, elle savait et certainement était de mèche avec le rabatteur, avec le convoyeur. Elle savait qu'en vendant sa fille elle condamnait celle-ci à un exil définitif ; dans son pays, une prostituée est une femme irrévocablement déshonorée dont aucun homme ne voudra pour épouse, et un déshonneur impardonnable pour la famille qui au mieux la rejette, sinon la tue. Combien a-t-elle touché pour ça, la mère marchande, la fournisseuse de chair fraîche ? Une somme certainement ridicule par rapport aux gains que le corps de sa fille devait rapporter aux divers proxénètes qui allaient l'exploiter, la vendre et la revendre. Une somme dérisoire que cette mère avait cependant estimée suffisante, jugée convaincante. Mais jusqu'à quel point savait-elle ? Ou plutôt, jusqu'à quel point n'avait-elle pas voulu savoir ce qui allait ensuite se passer pour sa fille ? Sa main gauche avait résolument ignoré ce qu'encaissait sa main droite. La descente aux enfers de sa progéniture vendue à petit prix ne la concernait plus.

La vapeur a embué la fenêtre et le miroir, embrumé la pièce, l'odeur de la menthe poivrée se fait entêtante. L'eau du bain commence à tiédir, mais Stella attend que la buée et la brume s'effacent pour sortir de la baignoire, de peur qu'une autre araignée ne se soit extraite d'un recoin et qu'elle ne marche dessus sans la voir. La répugnance qu'elle éprouvait depuis l'enfance pour ces bêtes s'est exacerbée en panique, en effroi, depuis le supplice de son enfermement durant deux jours dans un placard grouillant d'araignées. De tous les sévices qu'elle a endurés durant ses années d'esclavage, celui-ci reste le plus insoutenable, pire que les blessures et les coups, pourtant fréquents, toujours violents. Il s'est confondu avec le supplice du viol à répétition commis par ses divers maquereaux, « dresseurs », tauliers, avec celui des passes à la chaîne, avec l'anéantissement soudain de sa jeunesse et de toute joie, avec la violation continue de son corps, de son esprit, avec la profanation de sa chair, de sa vie.

L'eau est à présent presque froide, Stella sort de la baignoire, s'essuie, se frotte avec énergie, se rhabille. En remettant sa montre au poignet, elle se rend compte qu'il est déjà tard, elle a dépassé largement ses horaires de présence chez Madame Georges. Elle ferme la boucle de son bracelet de montre, qu'elle porte à gauche. Depuis son évasion, elle a changé tant de choses dans son apparence, ses gestes, sa voix, elle s'est même forcée à se convertir en droitière. Effacer le plus possible de signes particuliers, même minimes, éliminer les indices, brouiller les pistes. Passer pour une autre, pour n'importe qui, rester à l'abri de la fausse identité qu'elle s'est procurée. Ou plutôt réussir à transformer la fausse en réelle, du moins cette dernière, car toutes les précédentes qu'on lui a imposées au gré des ventes et reventes de son corps et des pays où on l'expédiait ne forment plus qu'une cohorte de fantômes, et tous les pseudonymes dont on l'a affublée s'amalgament en un sourd borborygme. Désormais elle s'appelle Stella. Elle a choisi ce prénom qui garde tout de même trace, clandestinement, de celui qui fut le sien autrefois, avant la chute. Elle se nommait Yllka, prénom qui dérive du mot « étoile » dans sa langue maternelle. Cette langue, elle ne la parle plus depuis sa fuite, même pas mentalement, elle n'a de cesse de la refouler, de la réduire au silence, à l'oubli, pour faire place à celle qu'elle a apprise. Elle a tant travaillé pour conquérir celle-ci, en acquérir le vocabulaire, les nuances, la grammaire, elle s'est tant exercée, seule dans sa chambre, pour en maîtriser l'accent. Elle parle toujours avec lenteur, car avec prudence dans cette langue seconde, tout comme elle surveille certains de ses gestes de droitière tardive. Mais il arrive qu'un mot, une expression, une intonation s'échappent soudain des douves de sa langue maternelle sous le coup d'une émotion trop forte, et cela suffit alors à l'affoler. Tant de gens l'ont trahie depuis sa jeunesse, en premier sa mère, elle n'a pas le droit de se trahir elle-même, Yllka ne doit pas dénoncer Stella, ces deux-là doivent rester solidaires. Devenir une autre, en tout, pour mieux sauver celle qu'elle n'a cessé d'être.

Madame Georges s'est endormie sur le canapé du salon, couchée sur le côté, bras et jambes légèrement repliés. L'incident survenu dans la salle de bains a suffi à l'épuiser. Stella aurait voulu s'excuser, la remercier, mais elle n'ose pas la réveiller, elle reste plantée au milieu du salon, indécise. La lumière du jour commence à baisser. Elle décide d'attendre un peu dans la cuisine, peut-être l'autre va-t-elle bientôt se réveiller, elle pourra alors s'assurer qu'elle n'a besoin de rien et prendre poliment congé d'elle. Pour s'occuper, elle joue à un jeu de sudoku sur son portable, puis elle entame une patience. L'obscurité qui peu à peu emplit la cuisine la tire de son jeu, elle regarde l'heure et aussitôt se lève, retourne dans le salon. La dormeuse est toujours allongée dans la même position. Stella cette fois s'approche d'elle, se penche vers son visage, inquiète. Mais la dormeuse respire normalement, et surtout, elle parle par moments, et aussi chantonne. Stella s'accroupit à son chevet pour écouter ce qu'elle dit et fredonne ainsi. Ce sont des phrases décousues, sans lien les unes avec les autres, des bribes de chansons, ponctuées tantôt de longs soupirs, tantôt d'un soupçon de rire, ou d'un léger grommellement, d'une plainte douce. Dans son sommeil Madame Georges est d'une étonnante volubilité, comme si elle exprimait tout ce qu'elle tait quand elle est en état de veille.

Le soir est à présent tout à fait tombé, mais à l'ombre se mêle une clarté laiteuse, inhabituelle. Soudain la dormeuse s'agite, elle geint, elle s'adresse à quelqu'un, mais Stella ne peut pas savoir à qui, à son fils du bout du monde, peut-être ; elle comprend juste que la rêveuse vient d'entrer dans une zone de fortes turbulences oniriques. Elle essaie de lui parler doucement, elle pose une main sur son épaule, mais rien n'y fait, la vieille femme roule d'un côté à l'autre, a des gestes heurtés, des propos désordonnés proférés d'une voix assourdie, elle manque de tomber du canapé. Stella pense à la réveiller pour la sortir de son cauchemar puis elle se ravise, elle la fait rebasculer sur le flanc, bien calée contre le dossier du divan, et glisse une main sous sa joue. Presque aussitôt l'autre se calme. C'était ainsi que procédait sa grand-mère Lulia quand, petite, un chagrin ou une peur la prenait brusquement, l'empêchant de s'endormir. Lulia posait sa main sous sa tête et lui chantait une berceuse, Stella s'endormait dans la chaleur de cette grande paume et le bruissement de la ritournelle.

Non pas Stella, Yllka, et d'ailleurs c'est celle-ci qui s'invite ce soir auprès de Madame Georges, fredonnant dans sa langue une comptine d'une voix juvénile, tandis qu'une flaque de lune s'étale sur le parquet, luit sur les feuilles des philodendrons, puis s'évapore.

Garou

Une fois encore, il aura été en retard sur les événements. Il n'a pas mesuré à temps la gravité de la situation, estimant qu'on exagérait beaucoup le phénomène, puis il a vu dans le confinement une occasion – dont il rêvait depuis longtemps – de rester chez lui au calme, disponible pour enfin se consacrer pleinement à l'écriture. Il n'a pas voulu partir avec sa compagne dans le Berry où ils ont retapé une ancienne maison de garde-barrière, assez petite mais entourée d'un grand terrain. Nora, elle, n'a pas hésité et a filé aussitôt, embarquant avec elle ses deux fils. Les premiers jours il s'est réjoui de cette liberté inespérée ; un enchantement. Seul dans l'appartement, sans contraintes ménagères ni la présence souvent envahissante des fils de Nora. Censés rester chez leur mère une semaine sur deux, ils y sont plutôt deux sur trois sinon trois sur quatre. Soudain l'appartement lui paraît vaste, il s'y promène comme dans les salles d'un musée, d'un château, et quand ça lui chante, entièrement nu. Il laisse toutes les portes ouvertes, roule les tapis et pousse les meubles contre les murs pour agrandir encore l'espace. Il pourrait presque s'y balader en rollers. Il s'octroie le droit de fumer, fenêtres ouvertes en grand, et aussi celui de manger, de se coucher et se lever quand ça lui chante, et enfin celui de remettre le ménage à un lendemain indéterminé.

Il s'est installé dans la cuisine pour s'atteler à l'élaboration de son grand œuvre, dont il ignore encore tout, mais il sent que ça fermente en lui. Il a renoncé à sa diatribe apocalyptique, trop facile et assez ridicule dans le contexte actuel. Il a mieux à faire. Un roman puissant et singulier, digne des plus grands, et écrit à la main, à l'ancienne, là, modestement sur la table en formica vert pistache dont il a déplié les rallonges. Un vrai établi d'artisan où il a disposé ses outils : son bloc de papier, son stylo, un dictionnaire, quelques livres dans lesquels piocher si besoin est, un cendrier et son briquet, un verre, une bouteille d'eau, un cubi de bourgueil et de quoi grignoter. Il a tout à portée de main et du temps à foison, une libido littéraire surexcitée et l'imagination en ébullition. Mais les jours, les soirs passent, et rien n'advient. Son bouillonnement d'idées, d'images, ne produit que des bulles, des bulles et encore des bulles qui crèvent les unes après les autres dès qu'elles atteignent sa conscience. Les idées s'effilochent, les images s'embuent et s'effacent, les phrases se disloquent aussitôt amorcées, même les mots se déglinguent, ils se fissurent, perdent leur sens, leur saveur, comme une chair blessée perd son sang. Il ne comprend pas ce qui lui arrive. Peut-être est-ce dû à son excès d'émoi intérieur, il doit se calmer avant de commencer, faire un peu d'ordre dans sa tête.

Mais au fait, avant de commencer *quoi* ? Car à part l'ambition de créer un grand roman, il n'a aucun projet précis, pas de sujet, pas d'histoire qui se profile, pas de personnages un tant soit peu consistants qui s'imposent, rien qu'un bric-à-brac d'idées mollassonnes et d'images éculées sous leur lustre aguicheur. Mais il ne peut pas s'avouer vaincu, pas comme ça, pas si vite. À la fin de la première semaine, une cartouche de cigarettes consommée et trois cubis éclusés, il frôle la crise de nerfs à force de frustration. Et à la radio, à la télévision, on ne parle que de cette foutue pandémie, égrenant le nombre croissant des infectés et surtout des morts comme une horloge égrène les heures en tictaquant fielleusement à chaque seconde.

Un soir, exaspéré, il cherche à la télévision des chaînes spécialisées en films X. Il regarde des baises en série, les corps sont jeunes, d'une plastique formatée par la musculation, la chirurgie, les prothèses, l'épilation intégrale ; de beaux morceaux de viande lisse et luisante qui s'entrechoquent, s'entre-pénètrent en ahanant d'un air morne. Il finit par s'endormir, fatigué de reluquer ces stakhanovistes de la fornication, et repu de masturbation. Il se réveille à une heure indéterminée de la nuit, avachi débraguetté sur le canapé face à l'écran qui continue à diffuser des films, mais à l'évidence beaucoup plus hard que ceux passés plus tôt dans la soirée. Il regarde, un peu hébété, des scènes où rivalisent l'obscène, l'humiliation et la cruauté, sadiques et maso. L'aspect des corps est plus varié, ils sont moins formatés, il y en a d'assez mûrs, quelques gros et grosses et quelques gringalets, ceux des maîtres et maîtresses dégagent une impression de puissance, d'allure martiale, ils sont sanglés dans des corsets de cuir, bottés, gantés, les uns les unes armés de cravaches et de fouets de bondage. Certains portent des harnais de poitrine, des shorts en cuir verni ouverts à l'endroit du sexe, des cagoules en latex, d'autres des masques de cochon ou de chien, des colliers à clous… Ils et elles dominent, frappent, brutalisent, gueulent, crachent et urinent, ils et elles rampent, crapahutent sur leurs genoux, lèchent, se cambrent sous les coups, se contorsionnent sur le sol, se font tapis, serpillières, trous, égouts... Tous font jouissance, ou la miment avec emphase et sérieux. C'est un jeu très sérieux que celui de la perversion, du fétichisme, de la mise en scène de ses phantasmes, un jeu qui a ses codes, ses rituels, ses tenues de combat et de service, et tout un attirail ; il est dangereux de jouer sans respecter ces règles, on peut y laisser sa peau.

Guillaume ne découvre rien. Avec une de ses anciennes compagnes il avait participé à des soirées échangistes et s'était rendu une fois dans un club sado-maso, se contentant d'un rôle de spectateur car il n'a jamais eu de penchant ni pour celui de dominateur ni pour celui de soumis. Il se souvient d'un homme à quatre pattes tenu en laisse par un maître cagoulé, il était équipé de genouillères et de mitaines, les yeux bandés, et arborait une longue queue de renard en fausse fourrure grise arrimée à son cul par un plug en silicone. Il gémissait ou aboyait, secouait la tête, frétillait de sa queue de renard, s'aplatissait au sol, faisait le beau, se roulait sur le dos, selon les ordres qui lui étaient intimés, en général accompagnés d'un coup de pied ou de fouet.

Les déguisements lui avaient plu, les comportements de certains l'avaient amusé, d'autres interloqué, ou franchement rebuté. Sa compagne, elle, avait pris tant de plaisir au spectacle qu'elle avait décidé ensuite d'entrer dans le jeu, en tant que dominatrice. Plus tard, quand il avait trouvé dans le placard de leur chambre la tenue de maîtresse qu'elle avait progressivement composée et rangée avec soin avec les accessoires idoines, il avait mis fin à leur relation, ne partageant pas du tout sa passion sado-maso. En partant, il avait embarqué un élément de la panoplie : un masque de chien aux oreilles pointues, en cuir noir avec museau ouvrable et deux fentes obliques pour les yeux. Pensait-elle parfaire sa formation en s'exerçant sur lui, réduit à un chien docile et souffreteux ? Puisque ce déguisement lui était peut-être destiné, il s'en était emparé sans scrupule. En compensation, il avait laissé à l'apprentie maîtresse un coffret de *La Recherche du temps perdu* en édition de poche, et il avait estimé qu'elle gagnait au change, même s'il manquait un volume.

Il trouvait beau ce masque, inquiétant et drôle à la fois, mais il n'en avait pas d'usage et il l'avait laissé longtemps accroché à un clou planté en haut de sa bibliothèque ; une excellente place pour cette tête de chien creuse, gardienne des livres et rêveuse de vide. Il lui avait donné un nom mythique, non pas Cerbère, qui lui aurait pourtant fort bien convenu, ni Argos, comme le fidèle chien d'Ulysse, ce qui lui aurait fort mal convenu, ni Anubis, trop imposant, mais simplement Garou. La gueule de Garou ne s'étant pas révélée du goût de sa compagne suivante, il avait décroché son trophée, sans le jeter pour autant, se contentant de le cacher quelque part. Et voilà que soudain ce masque oublié depuis longtemps lui revient en mémoire. Mais il n'a aucune idée de l'endroit où il a pu le mettre.

La fouille a été longue, mais il a fini par dénicher l'objet. Écrasé au fond d'un sac sous des haltères et autres instruments de gymnastique qu'il ne pratique plus depuis des années, le masque est tout aplati ; la mâchoire est devenue moins large, le museau plus mince et pointu, et la fermeture éclair de la muselière est coincée. À force de tirer sur la languette pour débloquer la glissière, il ne réussit qu'à détraquer tout à fait le système et la fermeture ressemble à présent à une dentition irrégulière affublée d'un appareil orthodontique déglingué. Garou a troqué son air de doberman dressé à de voluptueuses soumissions contre celui d'un vieux barzoï dont les dents se déchaussent et qui n'a plus rien à foutre des rapports de force ni des délices de la servilité. Guillaume lui redresse les oreilles, le nettoie, le cire puis s'en revêt. Il s'y sent un peu à l'étroit. Il se regarde dans une glace, il aperçoit ses yeux à travers les ouvertures obliques, mais il ne se reconnaît pas. Sourcils et paupières sont dissimulés ainsi que les poches et les rides, ses yeux sont réduits au blanc et à l'iris, ils luisent d'un poli métallique dans l'ombre des fentes. Un regard happé du dedans, comme retenu au seuil du monde, s'efforçant malgré tout de se frayer un chemin vers l'extérieur, de s'arracher à la nuit. Une image lui traverse l'esprit, mais si fugacement qu'il ne sait pas d'où elle lui vient – celle d'un jeune homme aux yeux brûlants de fièvre, d'un noir fauve et affolé. Il chasse l'image, secoue la tête, la baisse, la relève, la penche à droite, à gauche, et à la fin il se trouve un air de vieux lycanthrope inoffensif. Eh bien voilà, se dit-il tout content, puisqu'on doit tous porter un masque antivirus mais qu'il est impossible d'en trouver, celui-là fera l'affaire.

Le jour même il sort affublé de ce masque. Il ne croise que peu de gens dans les rues ; des silhouettes solitaires, parfois un couple ou une petite famille, et des promeneurs de chiens. Lui, il se promène lui-même, homme et chien d'un seul tenant. Il pourrait cocher deux fois la case figurant dans son « attestation de déplacement dérogatoire », qui stipule la permission de « Déplacements brefs dans la limite d'une heure quotidienne et dans un rayon d'un kilomètre autour du domicile, liés soit à l'activité individuelle des personnes, à l'exclusion de toute pratique sportive collective et de toute proximité avec d'autres personnes, soit à la promenade avec les seules personnes regroupées dans un même domicile, soit aux besoins des animaux de compagnie ». Il se livre à une activité physique individuelle et se promène avec son chien qui a besoin de prendre l'air. Les passants qui l'aperçoivent le regardent avec un mélange d'étonnement et de méfiance, certains s'en amusent, d'autres s'écartent encore davantage ou pressent le pas. Il s'assoit sur un banc. Une petite fille qui court à bonne distance devant sa mère le remarque, pile net devant lui et elle lui demande : « T'es un chien, monsieur ? » Guillaume répond d'une voix assourdie par le cuir : « Je suis un monsieur chien. – T'es méchant ? – Pas du tout, je ne mords jamais. – Alors t'es gentil ? – Pas toujours. Comme toi, j'imagine. » La fillette se met à pouffer dans ses mains mais la mère, dont le bas du visage est entouré d'un foulard indigo comme d'un demi-chèche de Touareg, arrive au pas de charge et l'attrape au collet pour l'entraîner à l'écart de cet inquiétant quidam. Guillaume mime un aboiement joyeux pour saluer l'enfant déjà disparue au coin de la rue. Il repense à sa fille au même âge, à sa façon de serrer ses poings minuscules devant sa bouche quand elle voulait contenir un fou rire qui fusait malgré tout en notes aiguës, et aussi à celle qu'elle avait de retrousser sa jupe pour se cacher le visage quand une émotion trop forte la saisissait, ou simplement pour jouer sur place à cache-cache. « Coucou, tu m'vois plus ! » criait Fanny, persuadée d'être devenue invisible derrière sa jupette magique, exhibant du coup son ventre rond comme un pamplemousse, sa petite culotte et ses jambes fluettes. Cette candeur l'émouvait, et aussi l'alarmait tant il craignait que quelqu'un pût lui porter atteinte.

Un vieil homme avance à petits pas glissés, le dos en arche, un bras pendant le long du corps, l'autre étendu devant lui, son chien le tire par la laisse. On ne sait trop qui promène l'autre. Il semble à Guillaume avoir déjà aperçu cet homme et son cocker roux, mais il n'avait pas remarqué que ce dernier était fort grassouillet. Tandis que le bonhomme trottine, front penché vers l'asphalte, ou plutôt vers sa bedaine qui forme une seconde bosse, le chien avise son pseudo-congénère, il s'arrête et se met à aboyer hargneusement. Le bossu tourne la tête pour voir ce qui provoque cette soudaine agitation, il se tord le cou pour lancer un regard en biais, et par en dessous. « Ça alors, on aura tout vu ! s'exclame-t-il. Vous y allez fort, vous, dites donc, un masque à gaz ! Ben moi, je ne porte rien. Bah ! au point où j'en suis... », et il s'éloigne, mais l'animal refuse de bouger et ses jappements redoublent, il veut en découdre avec ce bizarre homme canin qu'il flaire avec suspicion. « Voyons ma jolie, viens, allez ma Totoche, viens voir papa, on rentre. » Guillaume observe la bête qui donc s'avère être une chienne aussi gracieuse qu'un tabouret en fausse fourrure, et surtout une vraie teigne. Le maître commence à perdre patience et change de ton pour affirmer une autorité qu'il n'a pas. « Suffit, Tosca ! Viens, sinon papa va se fâcher. » Comme Tosca la jolie n'obéit toujours pas, il tire de toutes ses forces sur la laisse et traîne sa grosse Totoche qui, à moitié étranglée, pousse des glapissements furieux.

« Un masque à gaz ! Quelle andouille, il a franchement la vue basse, celui-là ! » Vexé, Guillaume retire son masque sous lequel il commence d'ailleurs à avoir chaud, le cuir racorni lui irrite la peau. Il l'examine tel Hamlet tenant le crâne de Yorick, ce « sacré fils de pute de cinglé », selon le fossoyeur qui vient de l'éjecter du trou comme on balance une motte de terre. Que nous soyons tous plus ou moins de foutus rejetons de pute de cinglé, Guillaume le pense depuis longtemps. Il allume une cigarette et se lève, tenant son masque dans une main. En chemin, il croise un autre promeneur de chien. Le maître et l'animal sont très différents des précédents, tous deux en hauteur et en minceur.

Ils vont côte à côte, sans laisse qui les relie l'un à l'autre. Le chien est splendide, sa robe de très longs poils gris cendré flotte autour de son corps avec des ondoiements de soie. Les poils qui couvrent ses oreilles plaquées au crâne sont d'un gris plus foncé, ils forment une chevelure, impeccablement coiffée, avec raie au milieu, qui enserre la tête fine et pointue, couleur ivoire. Le chien passe sans lui prêter attention, s'éloigne de son pas élastique. Mais arrivé au coin de la rue où il vient de s'engager avec son maître, il se retourne brusquement, il fonce vers Guillaume et lui arrache des mains le masque de Garou qu'il emporte dans sa gueule en filant à toute allure. Guillaume n'a rien vu venir, rien compris, et il reste planté tout ahuri sur le trottoir. Quand il entend le maître, revenu sur ses pas, crier « Monsieur ! Monsieur ! Il suffit. Venez ici je vous prie ! », Guillaume lui fait un signe de la main et se dirige vers lui, mais il ne s'est pas plus tôt mis en marche que l'autre disparaît à l'angle de la rue où son escamoteur de chien l'a rejoint. Tel chien tel maître, deux goujats doublés de magnifiques faux culs ! se dit-il, mais en même temps il trouve que c'est une belle fin pour Garou, dommage que la grosse Totoche n'ait pas assisté à ce rapt, elle s'en serait étouffée de jalousie, et aussi l'ex-propriétaire du masque qui aurait, elle, certainement fort apprécié cet épilogue.

Il rentre de bonne humeur de sa balade, l'incident canin lui a remis l'imagination en mouvement, et il se réinstalle à son établi d'écrivain. Les animaux – voilà une piste ! Il imagine une population qui, après des mois, voire des années d'obligation de ne sortir que munie d'un masque de protection, ne peut plus, le jour où enfin la prescription est levée, revenir à son état antérieur. Ce n'est pas que les masques ne pourraient plus être détachés tant ils auraient adhéré à la peau, mais c'est que les visages remis à nu auraient changé. D'avoir longtemps mijoté sous un rectangle de tissu à trois couches, filtrant, isolant, défensif, les faces se seraient transformées, leurs traits ayant fondu sous l'effet d'un « petit feu » continu – petit feu opiniâtre monté du dedans de la chair, du dessous des pensées, des rêves et des peurs, des profondeurs de la mémoire et de l'oubli, des bas-fonds des fantasmes, des effrois, des désirs. Un feu tout doux à la surface, d'enfer dans les tréfonds. Et les bougres d'humains, ces sacrés fils et filles de pute de cinglé, se découvriraient, une fois leurs masques hygiéniques retirés, tels qu'en eux-mêmes ils sont : des bêtes plus ou moins fauves ou domestiques, prédatrices ou pas, volantes, rampantes, galopantes ou bondissantes, sédentaires ou migratrices... La folie hygiéniste de la société aurait en fait reconduit les gens vers un état chamanique, chacun prenant l'apparence de ce qu'il est en profondeur ou, plus exactement, de ce qui l'habite, le hante dans ses abîmes. Il y aurait bien sûr des cynanthropes et des lycanthropes, des sirènes et des centaures, des satyres, des Icare, des Horus et des sphinges, des harpies et des minotaures, et une foule d'autres combinaisons d'animal et d'humain, mais aussi de végétal et d'humain, et pourquoi pas de nuages, de boue, d'eau et de feu, de lumière, de vent... et d'humain. Guillaume s'exalte devant l'ampleur des possibilités offertes.

Mais voilà, cette ampleur est telle qu'elle se retourne en écueil, il ne sait pas par où commencer, quelle figure choisir, quelle idée suivre. Au bout de trois semaines passées à bayer aux corneilles chamaniques et à vibrionner jusqu'au vertige dans le champ indéfini des possibles, il renonce. Il remballe son stylo, jette les feuilles couvertes de phrases qu'il a raturées sitôt écrites et range celles restées vierges, et d'un même morne élan, il flanque à la poubelle ses velléités romanesques. Il n'a aucun talent, c'est évident, et c'est aussi banal que cru et affligeant. À présent il regrette de n'être pas parti avec Nora et les garçons. Il n'a rien à faire dans cette ville devenue inhospitalière, où les heures de sortie sont contrôlées, les pas que l'on fait comptés, les gestes de prudence surveillés. À la campagne, au moins, il profiterait de l'espace autour de la maison de garde-barrière, il rêverait aux trains qui autrefois passaient par là, des michelines desservant des villages. Nora lui manque, et même ses beaux-fils, surtout le plus jeune, Yanis, il est encore capable de s'amuser des heures à dépister dans l'herbe les traces des rails de l'ancienne ligne et à jouer au train fantôme. Il est surtout en peine de sa fille, elle vit à Lille un confinement amoureux avec son compagnon, et bienheureux avec ses études épigraphiques. Sous son masque, c'est le visage de Seshat, la déesse égyptienne de l'écriture, qui certainement affleure. Ils se téléphonent, s'écrivent, il lui envoie des cartes postales, elle des textos, mais cela ne lui suffit plus, il a envie de la serrer dans ses bras.

Quand il est pris d'insomnie, il se poste à une fenêtre et il fait des bulles de savon multicolores, il en a trouvé plusieurs flacons dans la chambre de Yanis. Il souffle de grosses grappes irisées dont les grains se détachent en frissonnant, volettent, éclatent sans bruit, se dispersent en gouttelettes. Ce sont les mots qu'il ne sait pas trouver, les histoires qu'il n'arrive pas à écrire, il les sème dans l'obscurité, dans le vide, tels de fugitifs poèmes aux vers agglutinés. La nuit de la super pleine lune, il adresse à celle-ci une salutation colorée en lui envoyant des bouquets de bulles en rafales, comme ces fleurs en boutons qui explosent au moindre effleurement et projettent leurs graines loin autour d'elles. La lune est énorme, jaune pâle orangé, étincelante. Est-ce là le caillou blanc promis par l'Apocalypse, « portant gravé un nom nouveau que nul ne connaît, hormis celui qui le reçoit » ? Guillaume fait voler vers le caillou géant des nuées de pétillements moirés. Mais un voisin grincheux, sorti sur son balcon pour admirer lui aussi le phénomène lunaire, n'apprécie pas du tout ce jeu et il met l'inconscient sèchement en garde : on ne doit pas répandre un liquide auquel on a mêlé sa salive en soufflant, car peut-être celle-ci est-elle porteuse du virus et risque alors de contaminer l'entourage. En réponse, Guillaume lance une dernière ribambelle de bulles en direction de la lune, sa signature illisible et aussitôt effacée au bas d'un livre qu'il n'écrira jamais.

Bobby

Cette chambre dont elle a tant rêvé – un lieu, aussi petit fût-il, rien qu'à elle, où elle soit libre de son temps, de ses occupations, et de recevoir Maxime sans avoir de comptes à rendre à ses parents – lui devient de jour en jour plus insupportable. Tout ce qui en faisait le charme se retourne en défauts. Il n'est pas petit, il est exigu, moins mansardé que mal foutu, quant à la vue dégagée, c'est un vasistas donnant sur un petit pan de ciel entre les cheminées de l'immeuble d'en face. Et il est très mal insonorisé. Tant qu'elle suivait des cours à l'université pendant la journée, qu'elle pouvait sortir à son gré le soir quand elle ne travaillait pas comme serveuse dans un bistrot, et surtout retrouver Maxime chaque week-end, soit chez lui soit chez elle, cette chambre de bonne lui était royale. À présent qu'elle y est captive, ce n'est plus qu'un galetas, et même une taule où elle tourne en rond comme une bête de zoo irrésignée à son enfermement. Sa malchance est que Maxime suive des études différentes des siennes et qui l'obligent à habiter dans une autre ville. Il partage un appartement avec trois autres colocataires, ce qui lui pèse ; tous deux envisagent de s'installer ensemble à la prochaine rentrée. Mais pour le moment, chacun se trouve piégé dans son logement. Ils se passent chaque jour un appel vidéo, cependant au fil des jours qui s'empilent en semaines où plus rien ne se passe, ces conversations commencent à s'affadir. Et puis, le voir sur un écran sans pouvoir le toucher, l'embrasser, lui est de plus en plus pénible. Elle caresse son image, lui sourit, approche sa bouche, mais la frustration n'en est que plus vive.

Troublée par un article qu'elle avait lu juste avant le confinement, elle a parlé à Maxime des questions qu'elle se posait : croyait-il qu'on pouvait mourir de penser ? Il a rigolé, et lui a répondu qu'avec de telles lectures et préoccupations elle ne sortirait pas indemne du confinement. Franchement, il y a mieux à faire que de pareilles prises de chou. Il dit qu'il ne s'ennuie pas trop, il poursuit, comme elle, ses études à distance, et avec ses colocataires ils jouent à des jeux de société, improvisent des sketches, se font des soirées marrantes. Lui qui rechignait au début à vivre ainsi avec d'autres personnes en voit à présent le côté positif, du moins en cette période. Elle remarque que les appels s'espacent, deviennent plus courts, il a toujours un empêchement, une excuse. Il dit de moins en moins souvent qu'elle lui manque, de plus en plus mollement qu'il l'aime, la désire. Elle sent qu'il s'éloigne, elle capte des signes qui devraient l'alarmer mais elle les écarte aussitôt, ne veut rien en savoir, et elle redouble d'attentions pour lui, de mots tendres et fiévreux, d'impatience amoureuse ; elle s'évertue à combler le vide qui se creuse.

À la fin d'un échange un peu poussif suivi d'un au revoir sans ardeur, elle s'apprête à fermer son appareil quand elle se rend compte qu'il a mal éteint le sien. Elle entend quelqu'un interpeller Maxime. « Alors, tu lui as dit ? – Non, pas encore. – Tu attends quoi ? – Que les choses s'arrangent. Je lui dirai après le confinement, c'est un peu dur en ce moment pour elle, coincée dans sa turne, alors ça en prime... – Bon, mais ne remets pas ça indéfiniment. Elle doit savoir. Ce sera une... » La personne a dû s'éloigner, Anaïs ne distingue plus les paroles, elle ne perçoit plus que des bruits de pas, de vaisselle déplacée, une porte qui grince, et des rires, des bribes confuses de conversation. Elle ne bouge pas, reste figée devant son téléphone serré dans la main, l'ouïe dilatée, aiguisée à l'extrême.

« Alors, tu lui as dit ? » La voix était celle de Margot, une des colocataires. « Alors, tu lui as dit ? Tu attends quoi ? » La voix de Margot lui revient en boucle. Une voix calme, posée, presque bienveillante. La voix d'un juge compatissant, mais ferme et résolu, s'apprêtant à annoncer à un prisonnier qu'il est condamné à mort ; ainsi en a décidé la loi. Quelle est la loi qui préside à l'amour et au désamour ? Elle est aussi aléatoire et fantasque qu'impitoyable. « Alors, tu lui as dit ? Elle doit savoir. » Margot la chevaleresque reconnaît à Anaïs le droit de savoir. Droit ou devoir ? Les deux à la fois. Margot l'intègre est implacable. Et lui, le délicat, il tergiverse, il remet à un moment plus opportun sa déclaration de rupture ; peut-être espère-t-il qu'elle finira par comprendre qu'il s'est détaché d'elle et qu'elle prendra les devants ?

Ses pensées tournent à vide, une éolienne brassant du vent sans produire la moindre énergie. Les quelques paroles entendues se répètent sans cesse, d'un ton doux comme un chuintement. Le téléphone continue à émettre des sons indistincts venus de l'appartement, là-bas, puis ça bascule sur une série de petits bips-bips. Ceux-ci proviennent de son appareil dont la batterie est presque à plat, mais elle ne localise plus les sons, les objets, son propre corps. L'écran finit par s'éteindre.

Elle s'allonge tout habillée sur son lit, l'appareil toujours calé dans la main. Elle regarde le vasistas, rectangle noir décoloré par les éclairages de la rue, les étoiles sont invisibles. Il lui semble que tout s'affadit, s'amollit. La pyramide des sensations s'est retournée, comme celle des sentiments, et celle de la pensée ; plus que retournée, fracassée. Les notes de tête se sont évaporées, celles de cœur atomisées, seules surnagent celles de fond, les perdurantes, les entêtantes. Quelle est l'odeur de l'amour ? Elle est trop intense, trop multiple, pour être définie, elle a celle du corps de l'autre. Une odeur unique, exclusive, que l'on ne partage pas, que l'on garde jalousement, délicieusement pour soi. Celle du chagrin d'amour, elle, est aussi âcre qu'insipide, et elle n'a rien de singulier, elle traîne partout comme un relent d'eaux de vidange. Anaïs s'endort écœurée de fadeur. Elle se réveille en pleine nuit dans une clarté blanchâtre, inhabituelle, comme si l'éclairage public s'était encore intensifié. Elle se lève, grimpe sur une chaise pour masquer la fenêtre avec un drap de bain, elle aperçoit alors, en biais, la lune qui lui paraît plus massive et brillante que d'ordinaire. Elle se fout que la lune soit cette nuit dans sa gloire, cet excès de brillance l'incommode, elle camoufle tant bien que mal la vitre et retourne à son lit, s'enfouissant cette fois sous la couverture.

Elle se lève endolorie d'être restée recroquevillée des heures, et elle a froid. Elle ôte la serviette qui a fait office de rideau. La lune a fini de resplendir, c'est déjà le petit matin. Elle aimerait prendre une douche, mais il est trop tôt car celle-ci est sur le palier et la tuyauterie fait chaque fois de tels bruits de hoquets, de gargouillements, qu'elle dérange les voisins, et en ce moment ils sont tous à cran. Elle se contente d'une toilette de chat au lavabo. La fille qu'elle voit dans la glace en se lavant les dents lui est déplaisante : le teint brouillé, le regard morne, le front plissé et des cheveux tout aplatis, dont les mèches colorées ont perdu de leur éclat sur fond des racines brunes qui ont poussé. Elle plonge sa tête sous le robinet, essore ses cheveux et les taille à la va-vite pour éliminer les restes de teinture, puis elle les sèche à la main. Ça n'aurait pas été mieux réussi si dans un catalogue de salon de coiffure elle avait choisi une coupe O'Cedar. La fille qu'elle regarde dans la glace est navrante, c'est elle amputée de sa joie, de sa confiance et de son insouciance, elle qui sonne le creux, le chagrin, la colère, elle qui siffle d'aigreur. Ainsi il n'a pas été capable de supporter plus de quelques semaines l'épreuve de la séparation, il a cédé si vite au charme de sa voisine de chambre. Un faible, un lâche et un parjure. Elle n'appellera pas Maxime, elle ne veut écouter ni mensonges ni aveux, ni explications ni excuses, rien, ce qu'elle a entendu lui suffit. Elle a l'orgueil d'une répudiée qui garde la tête haute à l'annonce de sa disgrâce et aussitôt s'éloigne de celui qui vient de la renier, sans une seule fois se retourner, sans proférer un mot. Elle n'appellera pas davantage des amies – pour geindre et pleurnicher dans leur giron, les ennuyer avec son malheur, ou les entendre lui dire « Un de perdu, dix de retrouvés » en guise de consolation ? Non, un de perdu, c'est bel et bien et définitivement un de perdu, celui-là et pas un autre, ceux qui viennent ensuite ne le remplacent pas, ils prennent une place différente, fatalement décalée, en attendant de la laisser vide à leur tour. Elle contient ses cris, ses larmes, ses plaintes et ses reproches, elle les concasse dans sa bouche comme des petits cailloux à s'en briser les dents. Elle n'en dira rien non plus à ses parents, surtout pas à eux, ils critiquent toujours ses choix, sa façon d'être, et n'ont aucune sympathie particulière pour Maxime. Mais ils n'en ont pour personne en vérité, à peine pour eux-mêmes.

Elle marche sans savoir où aller. Il est encore tôt, de toute façon les endroits où elle a plaisir à flâner, à entrer, où faire une halte, sont fermés pour une période indéfinie. Elle aimerait tant s'arrêter dans un bistrot, boire un café en terrasse. Elle passe le long du square qui lui tenait lieu de jardin quand l'enfermement dans sa mansarde lui pesait trop, lui aussi est interdit d'accès. La végétation s'en trouve bien, elle pousse en pagaille, comme les cheveux des gens privés de coiffeurs, mais avec plus de fantaisie et de joliesse. Elle croise très peu de monde, juste quelques personnes bâillonnées qui font la queue devant une boulangerie, chacune dans sa case. Elle zigzague dans le quartier, emprunte des rues qu'elle ne connaissait pas, découvre ici et là de belles façades, des porches, des impasses arborées, des passages. Elle arrive devant une église dont le portail semble ouvert ; une rareté en ces jours, presque tous les bâtiments publics sont verrouillés. Elle n'a pas l'habitude de se rendre dans de tels lieux, mais faute de choix, elle y pénètre. L'église est vide, chaises et bancs ont été retirés, quelques-uns entassés le long du mur d'un des bas-côtés. Elle avance à pas lents, elle aperçoit une femme agenouillée sur la marche d'une chapelle latérale, plus loin un homme recueilli, tête baissée et mains croisées sur la poitrine, devant un brûle-cierges où il vient de planter une bougie. C'est la seule qui soit allumée, toutes les autres sont réduites à des petits tas de cire blanchâtre. Rouvrant les yeux, il voit Anaïs et réprime un sursaut. Elle prend soudain conscience que son allure a peut-être de quoi inquiéter, du moins surprendre, en cet endroit. Comme elle n'a pas de masque de protection, avant de sortir elle a entouré le bas de son visage dans une écharpe en coton noir imprimée de têtes de mort façon pirate, et avec ses cheveux en pétard elle doit avoir un air de voyou égaré. Elle abaisse son foulard, adresse un petit signe à l'orant déconcerté et s'éloigne doucement, elle s'engage dans le déambulatoire, regardant au passage les vitraux historiés. Un foisonnement de scènes qui, pour la plupart, lui sont indéchiffrables, comme lui sont non identifiables la majorité des statues qu'elle croise, à part celles de la Vierge et du Christ. Représentations de miracles et de martyrs alternent, des corps torturés, démembrés, décapités, se changent en corps glorieux, ascensionnels. Peut-on mourir de penser ? La question lui revient, pour aussitôt se fondre dans une autre : peut-on mourir d'aimer ? Le Christ et tous les saints et saintes martyrs après lui l'ont fait. Mourir d'aimer, ou de n'être pas aimé ? Et si tout était lié, penser, aimer, ne l'être pas ? Et si la pensée était un acte d'amour, et l'amour une forme de pensée ? Alors le désamour, le non-amour, ce serait un naufrage de la pensée ?

Elle s'assied sur la marche d'une chapelle absidiale clôturée d'une grille en fer forgé. Face à elle, une autre grille, à l'arrière du chœur, celle de l'entrée donnant accès à la crypte située dessous, elle aussi fermée. Où qu'elle aille, l'espace est segmenté en lieux clos, cadenassés, tout la renvoie à elle-même, à son bannissement. Les bribes de la conversation entre Maxime et Margot n'en finissent pas de bruiter en elle dans une vibration immobile pareille au vol stationnaire d'une libellule. Anaïs visualise cette libellule, longue et fine et dure comme une aiguille de tapissier d'un vert pétrole chatoyant. L'insecte-aiguille la coud sur place, la pique et la surpique. Elle a mal à la tête. Maxime avait raison, elle ne sortira pas indemne de ces jours de relégation.

Elle se relève, reprend sa déambulation. En s'engageant dans la nef latérale, elle aperçoit une femme embusquée derrière un pilier, elle n'est pas en prière mais aux aguets, elle surveille les deux autres personnes présentes dans l'église. À l'évidence elle n'a pas repéré Anaïs qui du coup se dissimule à son tour pour observer la drôle de sentinelle. C'est une petite bonne femme vêtue d'une robe informe et d'un long gilet de laine, portant des chaussettes dépareillées dans des sandales et un bob de pluie sur la tête. Elle a une main posée sur la poignée d'un caddie harnaché de sandows. Dès que les deux priants quittent l'église, elle lâche son chariot et se hâte aux pieds d'une statue dont le socle est orné de deux vases ; dans l'un, un bouquet déjà fané, dans l'autre des roses fraîches. Elle se tient là un bref moment, elle gesticule tout en marmonnant avec vivacité, on dirait qu'elle parlemente plus qu'elle ne prie. Elle clôt son entretien par un large signe de croix, envoie un baiser à son interlocutrice muette et s'empare du bouquet de roses qu'elle enveloppe avec précaution dans un morceau de tissu extirpé de son caddie. Anaïs ne trouve rien de particulier à la sculpture en plâtre dont les couleurs ternes s'écaillent, le visage est quelconque, le sourire un peu benêt, il lui manque un pouce à une main et des phalanges à l'autre, les deux serrant un crucifix et une guirlande de roses contre sa poitrine. La femme s'apprête à s'en aller quand elle aperçoit Anaïs. Mais elle ne se démonte pas, elle lui fait face et, sans se soucier de la distance réglementaire à respecter désormais, elle déclare : « Tu m'as vue, hein ? Mais tu sais, j'fais rien de mal… C'est la p'tite Thérèse qui m'les donne. J'lui ai demandé, elle est d'accord. Elle est toujours d'accord, Thérèse. C'est la plus gentille. » Elle parle vite, en avalant les mots. « Oui, bien sûr », répond Anaïs qui ne comprend rien au charabia de la femme. « Toi aussi tu l'aimes bien, la p'tite Thérèse ? » Anaïs ne sait pas de qui il s'agit, elle ne connaît personne de ce nom, mais à tout hasard elle répond oui. « Parce que, tu sais, aujourd'hui c'est mon anniversaire, et y a personne pour me l'fêter, personne pour m'offrir des fleurs, alors faut bien que... oui, faut bien que quelqu'un le fasse. Et Thérèse, elle est toujours là, et elle est pas chiche. Elle a dit qu'elle voulait passer son Ciel à faire du bien sur la Terre, elle a dit ça juste avant de mourir. Moi, j'la crois, et quand j'ai trop d'peine, j'viens la voir, j'lui cause, après ça va mieux. »

Anaïs se demande quel âge peut avoir cette vieille gamine fripée qui a dû être jolie avant sa dégringolade, ses traits sont fins, le bleu de ses yeux tire sur le violet ; elle est certainement bien moins âgée qu'elle ne le paraît. Elle se contente de lui souhaiter un bon anniversaire. L'autre lui sourit. Ses dents sont gâtées, certaines cassées, son haleine est aigre et son gilet exhale une odeur graisseuse. Anaïs remonte discrètement son écharpe jusqu'à son nez. « Peuh ! s'exclame la femme, il est moche ton foulard ! J'croyais qu'c'étaient des p'tites roses blanches, mais c'est des crânes et des os. Ça t'plaît de mâchouiller d'la mort ? Faut pas, surtout qu't'es mignonne et t'as pas l'air méchant. Tu t'appelles comment ? Moi, c'est Bobby. » Anaïs se présente mais l'autre comprend Anis. « C'est rigolo, t'as un nom d'plante, comme moi. Mon vrai nom c'est Marjolaine, mais on l'emploie jamais, quand j'étais gosse on m'appelait Jojo et maintenant c'est Bobby. C'est bien aussi, Bobby, non ? C'est à cause de mon galure. J'ai eu la pelade et ça m'a laissé des plaques, le bob il cache la misère. Bon, mais faut que j'rentre pour m'occuper des roses. Regarde comme elles sont belles, dodues et rouges comme des fesses de bébé qui fait ses dents. C'est qu'c'est fragile, les roses, comme les bébés, faut leur donner à boire. » Elle empoigne son caddie, commence à s'acheminer vers la sortie, d'un coup elle s'arrête, prélève une fleur du bouquet et revient vers Anaïs. « Tiens, c'est pour toi. T'es gentille, et puis t'as pas l'air bien riche, et pas bien joyeuse non plus. Allez, prends ! » Anaïs bredouille un remerciement, déconcertée par ce geste. Bobby secoue la tête : « C'est pas moi qui faut remercier, c'est elle. » Elle désigne la statue d'un coup de menton, puis elle ajoute : « Une rose, c'est toujours beau, et la beauté, quand on est pauvre, ça manque autant qu'la bouffe et tout le reste. Les gens, y comprennent pas ça, parce qu'on est moche et qu'on pue quand on est pauvre, les autres y croient qu'on aime pas la beauté. Ben si ! Et moi j'en ai besoin d'une petite part chaque jour. Thérèse, elle, elle comprend ça. Allez, c'coup-ci j'y vais. Salut mon p'tit. » Elle s'éloigne, traînant son bagage à roulettes surmonté de son bouquet d'anniversaire diminué d'une fleur. Anaïs la regarde partir, elle voudrait la rappeler, lui dire quelque chose, mais elle est incapable de proférer un mot, de penser, de bouger.

Quand Bobby franchit la porte, sa silhouette se condense en une ombre tremblée dans le rectangle de lumière, puis disparaît. Anaïs a l'impression de se voir elle-même en train de s'effacer, que c'est sa propre ombre qui s'est détachée d'elle et qui s'en va, emportant le fatras de ses sentiments, de ses illusions, de ses souvenirs et de ses projets, la laissant vide. Elle est Bobby qui embarque dans son caddie fourre-tout le corps volé de son amant, le cadavre de son amour. Va-t-il pourrir, ce corps, prendre l'odeur de crasse et de graillon du bric-à-brac entassé dans le chariot ? Elle est Bobby qui planque sa pelade sous une cloche en tissu, sa solitude aux pieds d'une sainte en plâtre, sa misère dans un bouquet chapardé. Elle est Bobby qui se dissout dans un puits de jour. Un mirage, un songe. L'amour est un songe. Alors, si la pensée est un acte d'amour, celle-ci aussi est-elle un songe ? L'amour, la pensée, la foi, la vie, la mort, Dieu... tout, tout n'est-il que chimère ?

Elle sent le tissu lui coller à la bouche. Elle pleure, la rose à la main. Les têtes de mort se ratatinent comme des pétales mouillés. Elle ôte son foulard, s'essuie les yeux. Elle s'aperçoit soudain que la fleur n'est pas une rose mais une pivoine rouge foncé en bouton à peine éclos. Elle s'étonne de sa méprise. Elle se penche vers la fleur, décèle son parfum pourtant très faible encore. Rose ou pivoine, qu'importe, la beauté en sera la note de cœur, la mort la note de fond, ou peut-être l'inverse, ou bien les deux confondues. Elle se remet en mouvement, remonte la nef latérale. Ses pas sont si lents, elle a l'impression de fouler le silence de l'église et les coulées de lumière qui filtrent des vitraux comme si elle marchait sur de l'eau.

Ehtnaca

Passé la mauvaise surprise, elle a préféré en rire. Après sa longue mise à l'écart dont elle touchait enfin le terme, voilà une réclusion bien plus sévère, et qui concerne tout le monde. Mais elle plus que d'autres, elle fait partie des personnes à risque, ce qui lui vaut une double peine. Elle doit rester en stricte détention chez elle. On lui livre ses courses, paquets déposés sur le paillasson devant sa porte qu'elle ouvre avec prudence, saluant à distance le livreur masqué. Elle qui aime tant regarder les visages, observer les corps, elle n'aperçoit plus que des moitiés de face et des corps en retrait, en fuite presque. Elle communique avec des amis, avec sa fille et ses petits-enfants par Skype. Comme les images apparaissant à l'écran sont souvent désavantageuses, accentuant les défauts, affadissant les couleurs et aplatissant les traits, elle prend soin de se positionner à bonne distance de son ordinateur, en choisissant une lumière frontale et chaude et en soignant son maquillage, ses vêtements. Elle tient à se montrer sous son meilleur aspect, surtout à ses proches, pour les rassurer. Et pour se conforter elle-même.

Plus les jours passent, plus elle sent qu'elle perd pied, imperceptiblement. Elle arpente l'appartement, elle tourne en rond. Seule la musique l'aide à supporter cette retraite forcée. En bas, la rue est déserte ; des silhouettes passent par moments, mais si furtives, sauf celles qui baladent un chien. Il y en a de toutes sortes, des racés et des bâtards, des courts sur pattes et des élancés, des tout jeunes sautillants et des vieux qui se traînent. Elle en a repéré certains qui font le tour du pâté d'immeubles plusieurs fois par jour, tenus en laisse par différents promeneurs. On se les refile, excellent alibi pour sortir de chez soi. Les chiens n'ont jamais autant sillonné les rues, ils n'ont même plus la force de lever la patte contre les murs, de toute façon leur vessie est à sec à force de sortir pisser. Elle a même vu des gens promener un lapin nain ou un furet équipés d'un petit harnais. Elle attend la sortie des poissons rouges dans leur bocal monté sur une planche à roulettes. Mais il y a un animal qu'elle se réjouit chaque fois de voir passer, car il est à lui seul un spectacle. Il marche d'un pas aérien aux côtés de son maître, son long museau pointé en l'air. Il est d'une beauté étrange, presque inquiétante. Son pelage semble ruisseler autour de son corps et de sa tête comme un feuillage de saule blanc et gris argenté. Il est de haute taille, d'une extrême minceur. Magali le connaît, il appartient à un commerçant qui tenait une boutique de brocante dans le quartier. Il a pris sa retraite récemment, un magasin de bricolage s'est installé à sa place. Chaque jour il sort son chien qu'il ne tient pas en laisse, il le mène à la voix, qu'il n'élève jamais. Tout est affaire d'intonations. L'animal est très obéissant, sauf quand une lubie le toque et qu'il s'élance à la vitesse d'une flèche droit vers une cible que lui seul a détectée, puis il revient sagement auprès de son maître qui l'admoneste sans crier, employant des tournures de langage désuètes et précieuses. L'autre l'écoute sans manifester la moindre gêne ni le moindre repentir, et recommence à la première occasion. Magali regrette de n'avoir pas d'animal de compagnie, mais l'enfermement auquel il devrait être soumis en quasi-permanence dans son petit appartement la dissuade d'en prendre un, d'autant que celui qu'elle aimerait avoir serait un oiseau. Chardonnerets, canaris, rossignols, merles et serins, des corps de quelques grammes pourvus de voix splendides, étonnamment sonores ; mais en encager un lui semble aussi révoltant que de garder un fauve, un zèbre, un éléphant ou une gazelle dans un enclos, ou un enfant en prison. À défaut de ces chants, elle écoute de la musique, vocale, instrumentale, ancienne autant que contemporaine, son champ d'appréciation est large. Il y a une œuvre qu'elle écoute souvent, le quintette de Schumann pour piano et quatuor à cordes. Il la surprend chaque fois par son déploiement d'énergie, de contrastes et de nuances, sa fluidité et ses discontinuités, passant du vif au mélancolique et faisant vagabonder pensées et émotions d'un état à un autre, ne les laissant jamais en repos, les déroutant sans cesse pour les mener vers de multiples inattendus. Peut-être cette musique la touche-t-elle autant parce que d'une certaine façon elle lui évoque Lucille, sa fille qui n'a cessé de l'étonner depuis l'enfance en s'engageant dans des voies qu'elle-même n'aurait pas empruntées, pas même envisagé de prendre, sa fille à l'âme romantique et pugnace, capable d'équilibrer la fantaisie, l'imprévu, et une parfaite droiture dans sa vie.

Au début, elle a passé un certain temps à explorer des sites de rencontres sur Internet et elle en a fait quelques-unes en apparence sympathiques, deux ou trois même prometteuses, mais elle a aussi flairé des arnaques aux sentiments et des escroqueries à la libido. Une de ses connaissances en a été victime. Le bel homme affable avec lequel elle échangeait l'avait habilement séduite, mise en confiance, jusqu'à la piéger pour lui soutirer de l'argent ; un gigolo maître chanteur. Elle s'est surtout lassée de ce jeu du désir et du hasard. Les rencontres en ligne ne provoquent chez elle que des excitations fugaces, vite suivies d'une impression de fausseté ; leurres amoureux et fadeur érotique. Elle tient trop au réel, aux vrais imprévus, à la volupté des caresses et des étreintes pour se satisfaire de ces dragues en pixels farcies de tricheries. Les conversations par Skype avec ses proches lui laissent aussi une impression d'incomplétude. Dès que la communication cesse, que les personnes disparaissent de l'écran, le plaisir de l'échange se dissout dans le silence, le vide, et elle ressent plus vivement sa solitude. Que s'est-il passé, en fait ? Qui a-t-elle vu, écouté ? Ses proches, ou des avatars numériques, des fantômes de ceux-ci ?

Certains de ses interlocuteurs et de ses interlocutrices disparaissent tout à fait de l'écran. La maladie les a touchés. Celles et ceux qui ont la chance de guérir en sortent essorés, quelques-uns n'y résistent pas et, aussitôt décédés, ils sont empaquetés dans une housse sans toilette mortuaire préalable, mis en bière sans être veillés par leur famille puis vite expédiés au crématorium. Au fil des semaines, elle apprend le décès de cinq personnes, dont celui des parents d'une amie, celui d'une de ses tantes, enfin celui de deux amis de l'étranger. Mais il n'y a plus de pays étrangers, l'infection ignore les frontières, elle circule partout, le monde est son promenoir. La mort joue une immense partie d'échecs, on ne sait trop avec qui, juste avec quels pions : les humains, pris de façon aléatoire, par dizaines de milliers, et pour elle, aucune pièce n'est plus importante qu'une autre, ni roi ni reine, ni fous ni cavaliers, chacun n'est qu'un pion très ordinaire. Au suivant, au suivant... Magali repense à la scène fameuse du film de Bergman, *Le Septième Sceau*, où le chevalier Antonius Block défie la Mort devant un échiquier pour retarder l'échéance. Le chevalier se dit prêt à mourir, mais seulement de corps, pas d'esprit. « *Tu joues aux échecs ?* demande-t-il à la Mort. – *Je suis un assez bon joueur*, répond-elle avec une ironie glacée. – *Pas meilleur que moi* », rétorque le chevalier. Elle avait revu ce film avec sa fille, quand celle-ci avait été en âge de pouvoir l'apprécier, et elle se souvient de la façon dont elle avait retourné la réflexion du chevalier à propos de notre angoisse du néant, quand il déclare : « *À notre crainte il nous faut une image. Et cette image nous l'appelons Dieu.* » Lucille avait rectifié la phrase selon sa foi : « À l'amour il nous faut une image. Et cette image nous l'appelons Dieu. » Et elle avait ajouté : « Mais ce n'est pas une image. Cela est, purement, simplement, absolument », en soulignant le second « est » et en détachant bien chacun des derniers mots. Leur discussion s'était arrêtée là, tant toutes deux étaient sur des longueurs d'onde différentes. Elle, elle était aussi séduite par la beauté âpre et insolite de l'acteur Max von Sydow que par les questionnements, les doutes, puis par le retour aux saveurs les plus simples de la vie du chevalier, tandis que Lucille était touchée par la candeur du couple des jeunes saltimbanques, surtout celle du mari, ravi par des apparitions mariales.

Lucille, fidèle à sa vision du monde, de la vie, de l'amour dont la loi est la fécondité et l'expansion, vient de donner naissance à son quatrième enfant, avec plus de deux mois d'avance sur la date prévue. Le nourrisson impatient se porte bien, indifférent au fait d'arriver précipitamment dans un monde en plein chaos. Mais en crise, le monde l'a toujours été, cela ne change pas grand-chose. Cette fois, c'est une petite fille, elle se prénomme Tiphaine. En deuxième prénom, Lucille lui a attribué celui de sa mère, Magali.

Cette attention la touche, et la laisse aussi songeuse : elle a l'impression de commencer à s'effacer en glissant derrière le prénom neuf du nouveau-né. Mais c'est ainsi que se constituent les lignées, par tricotage des prénoms, une maille à l'endroit, une maille à l'envers, les vivants et les morts s'entretissent, les premiers réanimant un peu la mémoire des seconds, ces derniers accompagnant les premiers d'une ombre censée être bienveillante.

Magali ne sait pas quand elle fera la connaissance de Tiphaine autrement qu'en photos. Mais elle est lasse des images, cela ne lui suffit plus, qu'il s'agisse de ses petits-enfants, de ses proches intouchables, d'amants immatériels, ou de Dieu aussi bien. Elle veut une vie vivante, qu'elle soit temporelle ou éternelle, elle ne supporte plus cette mise entre parenthèses, cet isolement saupoudré d'entrevues virtuelles.

Un soir, elle s'endort dans son fauteuil coquille devant son ordinateur. Les quelques échanges qu'elle a eus avec des amis l'ont laissée comme d'habitude sur sa faim. On parle et on sourit à l'autre, on rit par instants avec elle ou lui, à l'occasion on porte un toast à tel ou telle, à ceci ou cela, mais l'autre n'en reste pas moins à des centaines, voire des milliers de kilomètres de là, inaccessible, inembrassable, sans odeur ni grain de peau. On boit, on trinque, mais le cœur n'y est pas.

Elle émerge assez confuse du somme dans lequel elle a glissé sans s'en rendre compte, elle ignore l'heure qu'il est, et elle se sent frileuse. La pièce baigne dans une demi-obscurité que l'éclairage de la rue dilue en gris verdâtre. Sa lampe banquier est restée allumée, l'abat-jour en verre blanc opalescent diffuse une clarté un peu sourde sur le bord de la table. Elle s'apprête à se lever quand elle aperçoit son reflet sur l'écran noir. Elle se surprend, ou plutôt le reflet la surprend – c'est bien elle, sa physionomie n'a pas changé, cependant elle ne se reconnaît pas, comme si son regard s'était soudain dédoublé, qu'il lui échappait. Elle se voit se regardant, sans comprendre qui regarde qui. Son reflet est d'une présence troublante, il la considère avec intensité. Elle ferme les yeux, les rouvre, l'impression persiste. « *Le vide est le miroir de mon visage. Je vis dans un monde de fantômes, prisonnier de mes rêves* », dit à un moment le chevalier dans le film. De quels rêves est-elle prisonnière, de quels fantômes est-elle entourée ? Elle fait pivoter son fauteuil, détourne son regard vers d'autres objets. Tous les contours sont estompés par l'ombre régnante. Tiens, il faudra arroser le philodendron, ses feuilles ont l'air de se racornir, et là, il faudra ranger cette pile de revues à moitié effondrée sur le plancher. Elle revient vers l'écran, elle y retrouve son visage qui lui paraît également familier et inconnu, et son regard plus inquiétant encore, comme monté des confins du temps.

Le temps la dévisage. Le temps qui va son chemin, imperturbable, indifférent, il se montre furtivement à elle en train de passer dans le flux des secondes, flux égal et continu sous l'écume des événements, des humeurs, des changements apparents, et pareillement sous la houle des catastrophes. Il se montre subrepticement à travers son visage réduit à une esquisse pâle, il montre qu'il n'est rien, rien d'autre qu'un écoulement qui jamais ne commence et jamais ne s'achève, qui jamais n'accélère, jamais ne décélère, jamais ne fait la moindre pause. Il montre qu'il n'a aucune existence, il ne fait que passer, passer, passer... du rien qui glisse continuellement. Il montre qu'il est une pure nudité. Nudité, nullité, fidèle à son seul invisible et silencieux courant.

Elle se penche vers le miroir brumeux, s'approche tout près du reflet gris. Aucun mot, aucun son, pas un souffle, son image inversée se tient là, muette et insistante ; une apostrophe douloureuse dans son obstination, son silence. Elle a envie de lui dire : « Parle ! », mais elle se tait. Sa bouche réfléchie dans la plaque de verre mimerait le mot sans le proférer. Une bouche de poisson derrière la paroi d'un aquarium.

C'est elle, là, maintenant, et c'est elle hors d'elle-même, venue elle ne sait d'où, très antérieure à sa présence actuelle, et cette autre la regarde d'un regard qu'elle n'a jamais eu, jamais vu non plus chez d'autres. Si, il lui est arrivé de le croiser chez quelques personnes – chez des malades qui comme elle attendaient leur tour en salle d'attente de radiothérapie, mais qui, eux, se savaient condamnés à très court terme. Ils étaient là sans être plus nulle part, leurs yeux tout habités d'absence, vitrés d'étonnement, de lassitude, de renoncement. Leurs visages n'étaient plus que des peaux élimées dont le temps était sur le point de se séparer après s'en être un moment paré ainsi que d'une voilette. Le temps qui passe, passe, file, s'échappe, incognito sous les masques friables des vies humaines.

La mort viendrait-elle déjà la chercher ? C'est vrai que la funèbre rôde autour d'elle depuis un moment, elle l'a même frôlée de près, mais Magali a réussi à la repousser, elle est guérie, et armée d'une pugnace envie de vivre. La phrase du chevalier Antonius se retourne dans son esprit : « *Mon visage est le miroir du vide.* » Est-ce la naissance de sa petite-fille, qui porte dans la doublure de son beau prénom Tiphaine celui de Magali, qui provoque en elle ce trouble ? Comme si elle devenait une trace ombreuse dans la vie tout juste commençante de l'enfant. Elle s'éloigne de l'écran, se cale dans son fauteuil et renverse la tête en arrière. Avec ce léger recul elle se voit maintenant jusqu'à la taille, et elle remarque que l'inscription sur son tee-shirt à hauteur de la poitrine est inversée, comme l'est son visage en miroir. Pas seulement le mot – que Magali avait choisi pour ce tee-shirt personnalisé parce qu'il est l'un de ses vocables préférés et qu'elle aime également ce qu'il désigne –, mais aussi chaque lettre, et sur le coup, elle ne le déchiffre pas. *Ehtnaca.* Le dessin imprimé au-dessus rétablit la compréhension : une large feuille d'acanthe très échancrée, d'un vert profond. Ehtnaca, répète-t-elle à voix basse, ehtnaca... Le mot à l'envers s'augmente d'une syllabe, et il perd de sa douceur en claquant sur la fin comme un drap dans le vent. Et voilà, se dit-elle, c'est pareil avec mon reflet, il est brouillé et il m'embrouille, c'est un ehtnaca qui flotte dans le vide. En se dissociant ainsi de son image perturbée et surtout perturbante, elle se déleste du malaise qu'elle vient de ressentir. Elle se lève et relègue aussitôt dans l'anecdotique cette inquiétude produite par son reflet, elle revient à son habituelle relation au temps, fluide, rythmée et fantaisiste. Elle va se servir une assiette de pâtes aux rillettes de thon et un verre de rosé qu'elle vient déguster devant sa télévision où passe une série policière qu'elle apprécie.

En rentrant dans sa chambre, elle remarque que l'éclairage venant du dehors est plus accentué que d'ordinaire, plus laiteux, et il dessine avec netteté sur ses rideaux tirés les ombres minces des branches de l'arbre planté devant chez elle. Elle va à la fenêtre et aperçoit la lune, très imposante ce soir, un gigantesque lampion chinois qui diffuse sa blancheur sur la ville comme sur une table de noces. Drôles de noces, se dit-elle en refermant les rideaux, un mariage forcé en série de chacun avec soi-même, du coup, la salle est déserte et la fête immobile. C'est alors que soudain elle décide d'alléger l'extrême prudence à laquelle elle s'est astreinte depuis des semaines : dès demain elle s'octroiera la permission de sortir une heure dans le quartier, avec toutes les précautions requises.

À nouveau elle hume l'air de la rue. La lumière, les arbres en fleurs, l'air frais et léger, les chants d'oiseaux, cela aussi est un appel, mais un appel tout en simplicité et en sensualité ; une si douce apostrophe. Qu'importe que le temps soit un leurre, un flux immatériel, elle fait comme si chaque instant avait la rondeur, la fermeté et le savoureux croquant d'une reine des reinettes. *Faire comme si* – c'est cela, vivre, jouer à faire comme si le temps avait une consistance.

    Elle marche lentement dans les rues, passe devant le square de son quartier dont le portillon est verrouillé. Des chats dorment sur des bancs, il y en a même un pelotonné sur le siège de la poule à bascule. Des herbes folles envahissent l'espace, des pissenlits et des boutons-d'or ont essaimé un peu partout, au pied des arbres, en bordure des allées. Elle se souvient s'être amusée enfant avec ces petites renoncules d'un jaune éclatant, si luisantes qu'elles se reflètent sur la peau quand on les approche tout près du visage, y allumant de minuscules halos. Elle aimerait bien en cueillir une, mais les fleurs d'or brillent de l'autre côté de la grille, tout aussi désirables et inatteignables que le sont les humains. Les fleurs sont en liberté derrière les barreaux, les gens sous étroite surveillance dans la rue. Peut-être le début d'un retournement des rapports de force sur la Terre, se dit Magali, et, séduite par cette possibilité, elle s'imagine transformée en palmier marcheur, qui, s'il se déplace très lentement, environ d'un mètre par an, sait fort bien s'orienter, migrer toujours vers la lumière et choisir les bons sols. Ou alors elle pourrait se changer en plante virevoltante, telles ces boules d'herbes sèches qui roulent au gré du vent, ces rouleaux de tiges épineuses qui bondissent comme d'énormes balles ajourées, essaimant partout leurs graines. Elle reprend sa balade dans l'air encore limpide du matin.

Quelqu'un

C'est allé très vite. Dès le troisième jour sans visite, Fénia a manifesté son impatience et sa contrariété. Pourquoi son fils, son fournisseur de pâtisseries et messager auprès des siens de ses humeurs, de ses appels et de ses salutations, ne vient-il plus ? Lui est-il arrivé quelque chose, l'a-t-il oubliée, comme tous les autres ? Le peu de mémoire qui lui reste s'effrite, ce qui subsiste est de plus en plus mince, mais coriace. Entre deux cris, deux questions mille fois posées, elle ressasse : *Si onques de pitié ton âme fut atteinte, / Voyant indignement ton ami tourmenté, / Et si onques tes yeux ont expérimenté / Les poignants aiguillons d'une douleur non feinte...* Mais où est son souffleur pour lui rappeler la suite ? Elle panique, elle se fâche, ou tombe dans un grand abattement. Serge s'obstine à l'appeler quotidiennement, à une heure fixe, mais il faut que quelqu'un lui installe le téléphone dans la main et reste auprès d'elle le temps de la conversation, or les infirmières ont d'autres urgences et c'est chaque fois un petit tour de force que d'y parvenir. Il lui parle, lui demande de réciter les quelques vers rescapés de son naufrage et les lui redit, les complète dès qu'elle a un trou, il lui fait écouter les chansons qu'elle aime. Parfois elle interrompt l'échange et demande, paniquée et méfiante : « Mais qui êtes-vous ? Pourquoi m'appelez-vous ? Que voulez-vous ? » D'autres fois, elle dit d'une voix pensive : « Vous me rappelez quelqu'un. Quelqu'un que j'ai connu… que j'ai beaucoup aimé… » Elle s'adresse alors moins à lui qu'à elle-même, ou plutôt au fantôme de souvenir qui traverse son esprit. Elle est dans la voix de son fils comme dans un halo de lumière, elle en caresse le grain, le souffle, elle sourit, mais c'est fugace, le halo s'assombrit, elle ressent un chagrin tel qu'il l'exile dans un désert. Qui donc est ce quelqu'un qu'elle a beaucoup aimé ? Elle cherche, mais elle ne trouve pas. Et lui devine alors ce qui se passe, mais il a beau parler, tenter de la ramener à un peu de raison, de présence, il échoue. Il sait qu'en de tels moments, la seule chose qui pourrait l'apaiser serait de lui prendre la main, de la toucher, la serrer légèrement entre les siennes. Mais à son tour il se demande qui est au juste ce quelqu'un qu'elle évoque : lui, Serge, son fils unique, ou bien l'homme avec lequel elle l'a conçu, Irina sa fille perdue, ou encore Sergueï Fiodorovitch, le père ignominieux et malgré tout aimé ?

Elle perd le peu de goût de vivre qui l'animait encore. Elle refuse tout – nourriture et boisson, les soins, et de parler, de se lever, bouger. Elle reste dans une posture de gisante et détourne la tête quand une soignante s'approche d'elle. Serge insiste malgré tout pour l'appeler, fût-ce brièvement. On pose l'appareil contre son oreille. Elle ne dit rien, mais elle l'entend, entend sa voix, et peut-être l'écoute. Lui se contente de l'écouter respirer, il n'y a plus que ce bruit ténu qui la relie encore à lui. Un jour ce bruit déjà si frêle s'amenuise davantage, il se fait sifflement syncopé comme celui d'un minuscule oiseau qui contiendrait son chant au plus secret de sa gorge, puis soudain le modulerait de façon inattendue pour le laisser ensuite en suspens éternel dans l'ombre du fourré où il se cache. Elle murmure quelques mots, dans une langue qu'il ne connaît pas, ou si peu, et cependant comprend : папочка… мой папочка !… Sur cet appel enfantin, elle se tait.

Il est seul à ses obsèques, expédiées à la va-vite, presque en catimini, comme si sa mort était honteuse, suspecte ou carrément menaçante. Pourtant, ce n'est pas au virus qu'elle a succombé, juste à la disparition de son fils hors de son champ de vision. Fernande aussi est décédée, contaminée et tuée presto par le virus, elle. Au moins aura-t-elle eu l'enterrement qu'elle voulait, bâclé et sans personne, au contraire de Fénia qui rêvait d'une belle et poignante mise en scène.

Lors de l'incinération il récite mentalement en guise de prière les poèmes et les paroles des chansons dont elle avait fini par lui farcir la tête, mais il est sans cesse interrompu par des mots ineptes qui éclatent au milieu des phrases comme des petites bulles de gaz. *Si onques de pitié...* ploc, Coronavalgus ! *ton âme fut atteinte...* ploc ploc, Coronabrutus ! Coronavénus ! *Voyant indignement ton ami...* ploup, Coronagibus !, puis ce sont les paroles de la chanson *Trois petites notes de musique* qui se démantibulent : *Trois petites notes* Coronarébus ! *de musique* plop plop Coronacrésus !... *ont plié boutique...* Coronacrocus ! Coronanégus !... *au creux* cloc Coronasinus ! *du souvenir...* plic, Coronaphallus !, ou *Sous le ciel de Paris s'envole une chanson...* boulboulboul Coronafocus ! Coronanimbus !... *Elle est née d'aujourd'hui* Coronarhésus !... *dans le cœur d'un...* boulboul Coronafœtus ! Coronahumus !... Un lamentable Coronaopus tout en floc blop flop. À croire que

Fénia lui joue un ultime mauvais tour en le bombardant de ses mots tordus.

En sortant du crématorium, il a la surprise de trouver son demi-jumeau, flanqué de son inséparable chien. Lucien l'attendait sur le trottoir, un drôle de bandeau en travers du visage. « J'ai appris, pour ta mère. Je suis venu te saluer, je sais que c'est dur de les perdre, les mères, même les plus chiantes. Je parle pour la mienne, la tienne, je ne l'ai pas connue. » Serge se demande comment il a été informé, mais avec Lucien, inutile de poser trop de questions, il répond toujours à côté. Comme il regarde son masque avec curiosité, Lucien lui explique qu'il l'a confectionné dans une pochette en tissu brodée d'une frise de cerises, œuvre réalisée par sa mère pour y ranger son goûter du temps où il allait à l'école primaire. Ne rien jeter, tout se recycle dans la vie, c'est sa devise. Et le voilà qui se met à évoquer des souvenirs de sa classe de CE1, de son instituteur Monsieur Darmarante, et à chantonner la comptine « Un deux trois nous irons au bois, Quatre cinq six cueillir des cerises, Sept huit neuf dans mon panier neuf... » Serge se fout royalement de ces souvenirs d'enfance, autant que le chien qui s'est couché dans une large flaque de soleil et qui bâille à répétition. « Ah, je vois, Monsieur se morfond.

Eh bien, dans ce cas, allons ! » Serge ne sait jamais à qui il s'adresse quand il parle ainsi, il lui faut toujours un temps d'adaptation. Ils se mettent en mouvement, ils vont à la queue leu leu le long du mur du cimetière, le chien ouvre la marche. « Tu vois, ricane Lucien sous sa pochette à sandwich, ce sont les humains qui portent des muselières désormais, pas les animaux. Bientôt nous serons tenus en laisse par nos clebs et priés d'expulser nos propos excrémenteux et nos pensées foireuses dans le caniveau. Imagine un peu l'état des canalisations avec toutes les coliques cérébrales que nous déversons ! » Serge se sent visé, lui qui vient d'être sujet à une crise de carambolage mental devant le cercueil de sa mère coulissant lentement vers la gueule du four, mais par ailleurs il imagine très bien son frère à quatre pattes sur le bord du trottoir, en train de pisser son acrimonie dans la rigole, sous le regard hautain de Monsieur.

Lucien, qui a relevé son masque sur son front alors que Serge a descendu le sien sous le menton, poursuit ses élucubrations. « Les animaux dits de compagnie sont nos âmes d'accompagnement. Ils ne mentent jamais, eux, ne trahissent personne, ils ne couvent pas des idées torves, ne fomentent pas des coups tordus, ils ne nous font aucun mal. Que du bien, que du bon. Nous, c'est tout le contraire. Oui, nous méritons nos muselières ! » Le chien déambule en tête du cortège de son pas élastique, Serge ferme la marche, exaspéré par Lucien qui, plus il s'échauffe contre l'insupportable logorrhée humaine, plus il dégoise. Il se retient de lui envoyer un coup de pied au cul. Pourquoi diable est-il venu le chercher à la sortie du cimetière si c'est pour le saouler de sa misanthropie ? Il décroche, ne l'écoute plus, il ralentit le pas et finit par s'asseoir sur un banc ; du coup lui revient le poème de Verlaine qui faisait partie des morceaux choisis de Fénia, mais qu'il ne retrouvait plus. Les vers filent, fluides, sans aucun parasitage. « *Votre âme est un paysage choisi / Que vont charmant masques et bergamasques...* » À ces mots, il revoit le visage de sa mère, Fénia à tous les âges où il l'a connue, c'est un kaléidoscope qui produit une multitude d'images. « *Tout en chantant sur le mode mineur / L'amour vainqueur et la vie opportune / Ils n'ont pas l'air de croire à leur bonheur / Et leur chanson se mêle au clair de lune...* »

Serge se demande ce qu'est une « vie opportune » ; une vie bonne, heureuse, chanceuse ? Et une mort opportune, celle qui vient en temps utile ? De quelle utilité peut-il alors bien être question ? Il cherche en quoi la vie et la mort de sa mère ont pu être opportunes. Quant à sa vie à lui... Faute de trouver, il reprend la douce litanie de Verlaine. « *Au calme clair de lune triste et beau / Qui fait rêver les oiseaux dans les arbres / Et sangloter d'extase les jets d'eau / Les grands jets d'eau sveltes parmi les marbres.* » Serge est toujours sensible à la délicate musicalité des poèmes de Verlaine composés de mots si simples qu'ils glissent comme des feuilles au fil de l'eau, du vent, luisant entre lumière et ombre. Verlaine si tôt déchu, rongé d'ulcères, d'alcool et de fureurs, brûlé d'amours impossibles, de désirs inapaisés, de tendresse et de brutalité.

Il est soudain tiré de sa mélancolie verlainienne, Monsieur est revenu vers lui, il lui pose une patte sur un genou et lui souffle son haleine chaude dans le visage. Serge ne l'a jamais vu de si près. Il a des yeux brun ambré cernés de poils gris sombre que l'on dirait teints au khôl, mais son regard est indéchiffrable. Serge ne sait pas s'il exprime une mise en garde ou une profonde pitié, une interrogation ou une indifférence, une force de pénétration ou une placide imbécillité. Sa tête oblongue évoque un visage à cause de l'implantation en V des longs poils sur son front, il a un air de vieille fée de haut lignage. Dans le flou de ses impressions, Serge lui sourit. Le chien tend vers lui son museau et lui badigeonne la joue d'une grande lèche poisseuse. « Monsieur est un malandrin, dit Lucien qui les a rejoints. Il aime voler, tout et n'importe quoi, même les larmes. Dans ce dernier cas, je ne peux rien restituer au propriétaire. Désolé. » Serge essuie sa joue tartinée de bave et se lève en haussant les épaules. « Mon temps de permission de sortie va expirer sous peu, reprend Lucien qui ne dévie jamais des rails sur lesquels il s'est lancé, il convient donc que je rentre. Mais je t'invite à venir chez moi boire un excellent rhum. Un brut de fût millésime 2007. Le soir de la mort de ma mère, j'avais ouvert un vieil armagnac, au matin je l'avais vidé. Il me fallait bien faire une libation en l'honneur de celle qui m'avait mis au monde, et m'octroyer à moi-même une onction de consolation. Aujourd'hui c'est ton tour. Allons offrir une nouvelle libation à notre double orphelinage. Ah ! tu entreras cinq minutes après moi, j'ai des voisins mauvais cons, si nous arrivons à deux ça va titiller leur sens très mesquinement civique. »

C'est la première fois que Serge pénètre dans l'antre de Lucien, jusque-là leurs rencontres ont toujours eu lieu dans un café ou dans un jardin public ouvert aux chiens. Son appartement ressemble à la boutique qu'il tenait, le capharnaüm en moins, il surabonde d'objets mais tous bien disposés et selon des thèmes, il fait penser à un cabinet de curiosités du siècle passé. Tout un pan de mur est couvert de papillons naturalisés sous verre, aux cadres rectangulaires, ovales ou ronds et bombés. La plupart sont bleus, dont ils déclinent une grande variété de nuances. Ces bleus sont admirables – tendre, jade, lavande ou azuré, turquoise iridescent, acier étincelant, turquin à reflets métalliques, ardoise satiné, bleu nuit électrique... unis, tachetés ou striés. Serge les examine avec ravissement. « Ce sont des *Morpho*, intervient Lucien, des lépidoptères que l'on trouve dans des forêts tropicales, en Amérique centrale et du Sud. Bel ensemble, n'est-ce pas ? Je l'ai acheté il y a une vingtaine d'années aux héritiers d'un collectionneur, ils liquidaient tout de la maison du vieux, sans réflexion ni états d'âme. Pour eux, ce n'étaient que des nids à poussière. Je n'ai jamais voulu les mettre en vente, pas même quelques-uns au détail, chaque spécimen est une splendeur. »

Sur le mur d'en face est accroché un grand miroir dans lequel se reflète la nuée des papillons. Leurs bleus se fondent en une brume, un poudroiement bleuté qui fait imperceptiblement trembler l'espace de la pièce. Tandis que Lucien va chercher la bouteille et les verres, Serge poursuit sa visite. Il remarque un vase en marbre blanc posé sur une console. Il trône devant une autre collection, de photos cette fois. Serge ne distingue pas bien le motif de ces photographies, qui semble répétitif mais avec des variantes. Il fronce les sourcils, pris d'un doute. « Mais oui, c'est bien ça », dit Lucien en déposant son plateau sur une table basse. « Ça alors !... », s'exclame Serge, interloqué. Les photos, toutes en noir et blanc et de même format, représentent chacune un gros plan de pénis en érection ; seuls diffèrent l'éclairage, la disposition et l'éventuelle ornementation. L'un est voilé d'un fin tissu froissé, celui-ci est enrubanné d'une tige de lierre, celui-là d'une ganse en satin, l'un est dressé sur fond de feuilles de chicorée, un autre saupoudré de petites étoiles en papier brillant, un parsemé de grains de groseille, un autre à moitié enseveli sous des pétales de fleur et un autre encore suggère une ancre de bateau, une série de clous à tête ronde ayant été savamment disposée en demi-cercles autour de la verge droite et drue surmontée d'un anneau. « Encore une collection bradée par des héritiers sans jugeote ni états d'âme ? » ironise Serge. – Pas du tout. C'est mon propre héritage. L'artiste qui a réalisé ces beaux portraits de verges n'est autre que ma mère. Je les ai trouvés après sa mort, ils étaient rangés avec soin dans une pochette en carton, chaque photo protégée par une feuille de papier cristal. Et au dos de chacune, un titre, mais ni date ni identification du propriétaire de l'organe. – Tu crois que celui de notre père fait partie de la série ? – C'est fort probable, mais va savoir lequel ? – Sacré tableau de chasse ! Ta mère a eu pas mal d'amants, on dirait. – Une grande chasseuse, en effet. Je la soupçonne d'avoir été un peu demi-mondaine à une époque. Il y a probablement quelques bites huppées dans le lot. Certains des titres qu'elle a donnés sont inspirés des noms autrefois attribués aux grains de beauté, enfin aux mouches en taffetas noir dont les précieuses se paraient la bobine pour mettre en valeur la blancheur de leur teint, et indiquer aussi leur penchant. Tu vois, celle-ci, fort distinguée dans son apparente souplesse, elle s'intitule *La Galante*, celle-là, d'allure modeste, *La Discrète*, *L'Assassine* est sillonnée de veines saillantes et sombres, là *La Friponne*, courbée vers la gauche, évoque une crosse, et celle-là, bien plantée et trapue, munie d'un gland massif, c'est *La Gaillarde*, ici *La Majestueuse*... » Il désigne chacune du bout de son index, puis il conclut : « C'était son "Joujou du monde" à elle, et notre origine à tous deux figure certainement dans le lot. Mais j'ai beau regarder ces photos tous les jours depuis bientôt treize ans, je n'arrive toujours pas à authentifier le phallus paternel. Comment savoir ? C'est tout de même moins facile de dénicher une ressemblance avec un zob qu'avec un visage, quoi qu'en dise Verlaine. – Verlaine ? Qu'est-ce qu'il vient faire là ? – Il fait qu'il a écrit en marge de ses poèmes lyriques des petites pièces érotiques fort crues. » Sur ce, il part chercher dans sa bibliothèque un livre qu'il rapporte en le feuilletant. « Tiens, écoute ça : *Fesses, trône adoré de l'impudeur, / Fesses, dont la blancheur divinise encore la rondeur, / Triomphe de la chair mieux que celui par le visage !... / Fesses, et leur ravin mignard d'ombre rose un peu sombre...* Ah, pas mal ce dernier vers, non ? Et ceux-là, écoute un peu : *Mon vit point, très gros, mais canaille / Depuis les couilles jusqu'au bout. / Dans la pinette et la minette / Tu tords ton cul d'une façon / Qui n'est pas d'une femme honnête ; / Et, nom de Dieu, t'as bien raison !* Eh oui, le "Pauvre Lélian" n'a pas écrit que des poèmes transis d'exquise mélancolie, il a aussi pondu quelques petits textes joyeusement obscènes. » Serge ne répond rien, l'excitation de son demi-jumeau le met mal à l'aise. Pour faire diversion, il demande quand ils vont enfin déguster le fameux rhum qui les attend sur la table, devant le canapé où Monsieur s'est couché dans une posture de sphinx. « On y va. Mais avant, je veux encore te montrer ce vase. C'est l'urne cinéraire de ma mère. J'ai déposé ses cendres sous les braises de ses amours. Pour les ranimer, sait-on jamais. Au fait, et toi, qu'as-tu fait de l'urne de la tienne ? – La loi a changé depuis le décès de ta mère, on ne peut plus emporter les cendres des morts pour les conserver chez soi. J'aviserai plus tard. » Il n'a pas envie d'en dire davantage ; de toute façon il n'a encore aucune idée de l'endroit où il dispersera, ou enterrera, les cendres.

Quand il quitte l'appartement de Lucien, son pardessus couvert de poils de chien, Serge a la tête à l'envers et le cœur en vrac. Il ne sait trop que penser de cette soirée, Lucien est-il son demi-jumeau lié à lui par une affection réelle bien que biscornue, ou un faux frère vicelard venu l'inviter en ce jour de deuil suraigu pour attiser sa peine en exaltant devant lui le souvenir de sa mère, cocotte magnifiée en artiste du sexe et de la séduction aux côtés de laquelle Fénia ferait figure de pâle bourgeoise sans relief ? Est-il indécrottablement jaloux du fait de son statut de bâtard porteur d'un matronyme alors que lui, Serge, est le fils légitime, porteur du patronyme ? A-t-il voulu souiller la grâce des *grands jets d'eau sveltes parmi les marbres* de Verlaine l'enchanteur avec les grivoiseries de Verlaine le maudit, la fracasser contre le marbre glacé de l'urne de sa mère dont la disparition le laisse inconsolable, comme lui-même va le rester longtemps de celle de Fénia ? Rivaux en filiation éclopée, Serge peut le concevoir, mais concurrents en chagrin, en orphelinage maternel, cela n'a aucun sens. Il s'arrête un instant derrière un arbre pour uriner. Levant la tête, il aperçoit la lune à travers les branches. Elle est blanche comme une urne géante. Un jour, se dit-il en refermant sa braguette, la Terre ne sera plus qu'une urne universelle contenant des millénaires de cendres et de poussières d'humains et d'animaux amalgamées, que les vents stellaires dissémineront dans l'immensité spatiale.

En apercevant son reflet dans la glace du vestibule, il est frappé par son air abruti. Il a les yeux atones et les paupières gonflées, le teint brouillé, son masque chirurgical pendouille à l'une de ses oreilles. « Vous me rappelez quelqu'un... » N'est-on au fond que cela : le rappel incertain de quelqu'un, que celui-ci soit un autre ou soi-même altéré par le temps ? Qui fut-il pour sa mère, qui reste-t-il pour les femmes qu'il a aimées et dont il s'est séparé ? Qui est-il pour son frère si ambigument fraternel ? Quelqu'un confondu à un autre pris à son tour pour un autre ? Jusqu'où faut-il remonter ? Jusqu'à Adam et Ève, ou encore au-delà ? Quelqu'un, quelconque, au suivant...

Il s'extirpe tant bien que mal de son pardessus poilu dans lequel il a l'impression d'être empêtré tant ses membres sont engourdis. Au moment de l'accrocher à la patère, il voit à la place du rond de céramique vert céladon les yeux aveugles de Fernande, devenus cyclopéens. Une boule vert pâle, ou plutôt gris laiteux, pareille à la lune en miniature, qui ne reflète que son infimité d'homme dérisoire. Il porte ses mains à ses paupières et va en titubant jusqu'à sa chambre, il s'écroule tout habillé sur son lit et sombre dans un sommeil tangueur.

Véronique

La surprise qui l'a saisie quand elle a vu le jeune homme échoué sous les buissons a si bien happé son esprit qu'elle en est restée bouleversée pendant des jours. Et les jours étant eux-mêmes brutalement perturbés par l'assaut massif de la pandémie, mis à l'arrêt par le confinement, elle peine à refaire surface. Sans cesse lui revient cette image : yeux pourpres aux pupilles dilatées, face noire laquée de fièvre, et ce regard monté du fond des temps bien qu'intensément présent, ce regard hors d'âge éperdu d'abandon, lançant dans l'ombre une supplication muette adressée à personne. Plus qu'une image, une brûlure qui a laissé en elle sa marque. Elle s'est trouvée être la cible de cette supplication sans destinataire précis. Mais comme cette imploration était elle-même indéfinie, la réponse à lui apporter bée dans une totale confusion. Joséphine a perdu tous ses repères, son assurance, ses certitudes.

Dès qu'elle l'a pu, elle est retournée au square dans l'espoir absurde de revoir le gisant aux yeux pourpres, comme s'il était toujours là-bas à attendre patiemment sa venue. Nez et bouche empaquetés dans un foulard, elle s'est rendue sur place, mais évidemment le square était fermé, alors elle en a fait le tour, très lentement, s'arrêtant pour fourrager du bout de sa canne entre les barreaux et tenter d'apercevoir quelque chose, un indice, un morceau d'emballage de la nourriture qu'elle lui avait donnée, mais rien. Elle a même appelé, à voix sourde : « Houhou, il y a quelqu'un ? Vous êtes là ? Monsieur ?... » Elle a juste fait détaler un chat et s'affoler quelques oiseaux. Bon, il est parti, il est rentré chez lui, s'est-elle dit pour se rassurer, il doit bien avoir un gîte quelque part, ce gars, je me suis fait du cinéma... mais avec tout ce qu'on nous raconte sur ces gens à la rue, fatalement, on gamberge... Elle ne s'est pas du tout convaincue et elle est rentrée avec son tourment intact, lequel se double d'une autre question : mais pourquoi diable se fait-elle autant de souci pour un inconnu, un étranger qui en prime ne lui avait inspiré que de la défiance quand elle l'avait repéré avachi sur un banc ? Elle ne se comprend pas. Quelque chose en elle, à l'insu de sa volonté, de sa conscience presque, résiste. C'est ainsi, son souci résiste à tout. Elle aimerait en parler avec quelqu'un, mais elle ne voit pas qui, ses quelques amies et connaissances n'auraient certainement pas d'avis sur la question et estimeraient qu'elle rumine à tort et à travers, et puis, que pourrait-elle raconter, en fait, comment expliquer ce qui la tracasse ainsi ? Du coup, elle ne téléphone à personne et écourte les appels qu'elle reçoit, elle dit que tout va bien, qu'elle ne prend aucun risque, qu'elle ne s'ennuie pas.

Elle s'ennuie comme jamais, elle est privée du peu de distractions qu'elle avait – aller à la brasserie du coin ou dans un salon de thé avec une amie, flâner en faisant ses courses et prendre l'air dans le square, se rendre une fois par semaine au salon de coiffure, de temps à autre au cinéma... Plus rien. Elle est claustrée dans son appartement, seule en permanence avec elle-même, ses journées sont longues comme des nuits d'hiver. Situé au premier étage sur cour, son logement est peu ensoleillé, la vue limitée au toit du local poubelle qu'elle surplombe et aux façades des immeubles alentour. Plus le temps passe et plus le raffut augmente dans l'entonnoir de la cour ; bruits de télévisions, de radios, vrombissements de chansons diffusées à fond, au phrasé saccadé et aux paroles crachées d'un ton à la fois colère et monotone, éclats de voix, de pleurs d'enfants, de rires ou d'engueulades. Joséphine n'ouvre plus ses fenêtres, et bientôt même sa porte. Elle ne sort que rarement, faire la queue devant le moindre magasin d'alimentation la décourage à l'avance. De toute façon elle n'a plus d'appétit, elle se contente de ce qu'elle trouve dans ses placards et son petit congélateur, elle grignote des biscuits, des fruits secs, du pain décongelé. Elle va de sa chambre, où elle dort mal et peu, au salon, où elle s'assoupit à contretemps dans un fauteuil devant sa télévision, prise par des bouffées de sommeil même devant des films censés l'intéresser, puis du salon à la cuisine où elle astique l'un après l'autre tous les objets en cuivre et en argent qu'elle a, ainsi que ses chaussures et ses sacs en cuir. Ses lieux habituels ne servent plus vraiment à ce pour quoi elle les avait toujours utilisés. Au moins, ses astiquages ont-ils un effet positif en plus de celui de faire reluire ses cuivres et ses cuirs, ils lui rabotent ses pensées ressassantes, lui râpent jusqu'à l'effacement les images et tourments qui s'étaient incrustés en elle.

Elle délaisse ses revues de mots croisés, la dernière est restée inachevée mais elle ne cherche plus le mot manquant. Elle se laisse lentement engourdir dans une routine encore plus étriquée que celle dans laquelle elle s'était installée depuis des décennies, mais dénuée cette fois de toute saveur. Elle entre dans une sorte d'hibernation intérieure, ce qui la dispense de réfléchir en rond.

Un matin, en sortant de sa douche, elle s'aperçoit dans la colonne miroir de sa salle de bains. D'habitude elle n'y prête aucune attention, elle entr'aperçoit juste une silhouette embuée qui passe en hâte pour aller se sécher et s'habiller, mais cette fois elle s'arrête, et se voit. Un corps de vieille femme, maigre et osseux, la peau blanchâtre froissée comme du papier crépon, les seins réduits à deux lunules plates. Mais c'est surtout sa blancheur qui la frappe, sourde, crayeuse, tachetée ici et là de macules bistre et du mauve des veines qui font saillie. Comment peut-on être aussi blanc ? s'étonne-t-elle devant cette nudité qu'elle découvre après tant d'années d'inattention. Elle a toujours eu un teint clair, mais il était lisse et lumineux autrefois, et elle avait de jolies formes, légèrement potelées, surtout ses seins, d'une rondeur parfaite. Émile aimait son corps, il l'a désirée toute sa vie, jusqu'à rendre sur elle son ultime halètement de plaisir. Est-ce à partir de cet instant qu'elle a commencé à vieillir, sa chair désertée à se flétrir, sa peau privée de caresses à se friper ? Elle calcule : voilà bientôt vingt ans qu'Émile est mort. Qu'a-t-elle fait depuis tout ce temps ? Plus jamais l'amour, elle a juste continué à vivre, entre chagrin et détermination, entre souvenir et oubli croissant, entre nostalgie et petites distractions. Et avant, avec lui, qu'a-t-elle fait ? Elle l'a aimé, certes, elle a travaillé, sa vie a été à la fois laborieuse et heureuse, elle n'a manqué ni de courage ni d'insouciance, ni de plaisirs ni des communes épreuves qui surgissent dans toute existence, dont celle de l'absence d'enfant due à la stérilité d'Émile. Mais de qui d'autre que lui s'est-elle préoccupée vraiment, qu'a-t-elle vu du monde, que sait-elle des autres, de la vie même ? Pas grand-chose. Tout le modeste contentement de sa vie passée est en train de s'effriter comme un beau crépi qui se met à s'écailler sous la poussée de fissures par-dessous dans le mur. Quant à l'équilibre qu'elle a réussi à restaurer après son veuvage, c'est un château de sable qui s'effondre sous la poussée des vagues. Un bricolage de fortune qui n'aura pu tenir la route jusqu'au bout.

Un après-midi, on sonne à sa porte. Elle regarde par l'œilleton, après un moment d'hésitation elle reconnaît Madame Barbosa et elle ouvre. Joséphine se tient en retrait dans son entrée, l'autre pareillement sur le palier, munie d'un masque en tissu. « Excusez-moi de vous déranger, Madame Meunier, mais je m'inquiétais... Je ne vous vois plus sortir et vos fenêtres sont toujours fermées, alors je me suis dit que peut-être vous étiez souffrante... Si vous avez besoin de mes services, demandez-moi, pour vos courses par exemple... » C'est une femme d'une quarantaine d'années, au regard vif, qui parle avec aisance mais très vite et avec un fort accent chantant, des altérations de voyelles et des chuintements qui demandent à chaque fois un petit exercice de compréhension, d'autant plus que sa voix est assourdie par le tissu. Joséphine ne sait trop que répondre, elle marmonne un remerciement. « Vous êtes très pâle, Madame Meunier, insiste la gardienne. Vous êtes sûre que vous n'êtes pas malade ? – Non, non, je vais bien. C'est de rester enfermée qui me fatigue, en fait... » Soudain elle se sent gênée, elle se montre en tenue négligée, elle qui soigne toujours sa mise dès qu'elle sort, et elle est mal coiffée, en prime les racines blanches de ses cheveux teints en châtain cendré sont devenues largement visibles. L'autre bien sûr a remarqué tous ces détails, mais elle n'y accorde pas d'importance, c'est l'air égaré de cette femme, d'habitude sûre d'elle, assez distante, voire parfois hautaine, qui la touche. Une idée lui vient : « Vous savez quoi, Madame Meunier ? Plusieurs personnes de l'immeuble sont parties se mettre au vert et m'ont confié les clefs de leurs appartements. Pour m'occuper des plantes, et surveiller que tout va bien. Monsieur et Madame Robert, du quatrième, les Rossi au deuxième, et les Dumont, du dernier étage, sont très gentils, ils m'ont dit que je pouvais profiter de leurs appartements en leur absence, dans la journée, parce que ma loge, elle est petite, et surtout très sombre. Ils ont des balcons, j'y vais un peu quand il fait beau, à mes heures de repos. Si vous voulez, vous pourriez venir de temps en temps sur le balcon, ou la terrasse des Dumont, quand j'y serai, histoire de prendre l'air. Ça vous dirait ? » Joséphine est décontenancée par cette sollicitude qu'elle ne s'explique pas, ses relations avec la gardienne se sont toujours limitées à des salutations d'usage et aux étrennes en fin d'année, mais jamais elle ne lui a confié ses clefs ni demandé le moindre service, jamais surtout elle n'a pris le temps de discuter avec elle. « Oui, oui, dit-elle pour couper court à cette situation incongrue, cela me ferait plaisir. »

Dès le lendemain Madame Barbosa revient sonner à sa porte. « Je monte chez les Robert, annonce-t-elle, j'ai à faire chez eux. Si vous voulez venir, il fait beau aujourd'hui... Ah, et je vous ai apporté ça. C'est pour vous. » Elle lui tend quelque chose enveloppé dans une feuille de papier essuie-tout. Joséphine en sort un masque en toile de coton blanc à pois rouges. « J'ai pensé que vous n'en aviez pas, vu qu'on n'en trouve nulle part. Ça peut vous être utile. » Comme Joséphine lui demande combien elle lui doit, l'autre évacue la question d'un geste de la main en disant qu'elle en fabrique quelques-uns chaque jour pour les distribuer autour d'elle, elle utilise des chutes de tissu, des vieux torchons ou des serviettes de table. « J'aime bien coudre, ajoute-t-elle, et puis j'ai une machine, alors c'est facile, surtout guidée par les tutos. » Joséphine esquisse un sourire un peu idiot, faute de comprendre de quoi il s'agit.

Parée de son masque de coccinelle albinos, elle accompagne Madame Barbosa chez les Robert. Elle se sent mal à l'aise, une intruse chez des gens qu'elle ne connaît que de vue, et de surcroît en leur absence. Elle s'assied dans le salon dont la gardienne a ouvert en grand la porte-fenêtre donnant sur le balcon. Des jardinières accrochées sur la rambarde ruissellent de pétunias, de capucines et de volubilis qui mêlent leurs bleus, leurs mauves, leurs carmins, leurs violets. Elle sirote un verre d'eau que lui a servi Madame Barbosa. Celle-ci parle d'abondance, des gens de l'immeuble et du quartier aussi bien que de sa propre vie. Joséphine apprend diverses anecdotes au sujet du voisinage, qu'elle oublie aussitôt, et des petits pans de la vie de Madame Barbosa, native d'un village du nord du Portugal, situé près de Braga, qu'elle a quitté pour venir en France avec son mari, elle a deux filles dont l'une est mariée, elle-même est divorcée depuis plusieurs années. Elle lui montre des photos de ses filles sur son téléphone portable. Olema et Flavia. Sur l'une, on les voit debout devant un porche, se tenant par la taille, souriantes. « Elles sont très jolies, chacune dans son genre », commente Joséphine, étonnée par la différence physique entre les deux. « Ah non, là c'est Flavia avec Valeria, le jour de leur mariage, il y a deux ans », rectifie Madame Barbosa, qui fait défiler une série de photos jusqu'à en trouver une d'Olema. Elle raconte cela avec un naturel qui laisse Joséphine sans voix. « Mais j'ai du travail, Madame Robert m'a demandé de nettoyer ses placards, elle y a trouvé des mites. Allez donc sur le balcon pendant ce temps, il fait si beau dehors ! », et elle part s'activer dans l'une des pièces.

Joséphine n'ose pas visiter l'appartement, qu'elle devine spacieux, ni aller sur le balcon, trop exposé au soleil, elle se contente d'admirer le jardin suspendu depuis le canapé, et d'observer la pièce. Deux murs entiers sont couverts d'étagères remplies d'ouvrages, elle repense à Charles, son beau-père qui aimait tant les livres, passion dont Émile n'avait pas hérité, et qu'elle-même n'a jamais éprouvée. Combien de livres a-t-elle lus dans sa vie ? Cette question la surprend et la rend un instant confuse tant la réponse doit être mince. Sur la table basse devant elle sont posés des magazines d'actualité, des revues scientifiques et un livre d'art. À l'évidence les Robert et elle ne sont pas du même bord politique, quant aux sciences, elle n'y connaît rien. Faute de mieux elle feuillette le livre d'art. C'est un catalogue présentant des œuvres majeures de l'Ancienne Pinacothèque de Munich. Beaucoup de peintures religieuses, des portraits, des paysages.

Un tableau l'impressionne, il lui semble voir une dégoulinade de viscères, comme si on avait éventré un animal monstrueux aux entrailles en lambeaux gargouillant dans une bouillie de sang et de graisse. Elle regarde de plus près et distingue un amas de corps, blanc rosé ou grisâtres, qui dégringolent en se contorsionnant vers un bas-fond bourbeux, comme des matières fécales vers un énorme anus. *La Chute des damnés*, de Rubens. Que de corps souffrants, distordus, violentés, dans nombre de tableaux : crucifixions, descentes de croix, déplorations, représentations du Jugement dernier ou de batailles sanglantes, de rapts de femmes, de chasses au lion, à l'hippopotame et au crocodile, de têtes décapitées... Mais il y a aussi des corps délicieusement vivants, de jeunes filles oisives et lascives allongées nues sur un divan, et la douceur de scènes d'Annonciation, de Vierge à l'Enfant, la luminosité d'un canal à Venise où les bleus de l'eau et du ciel rivalisent de limpidité. Tumulte et silence, fureur et grâce alternent en un défilé étonnant. Un portrait retient l'attention de Joséphine. Il est frontal, en tons bruns sur fond noir, l'homme a une main posée sur la poitrine que couvre une veste bordée de fourrure. Ce qui la frappe, c'est la ressemblance entre le modèle et Émile – mêmes visage allongé, front haut, dessin des sourcils et surtout celui des lèvres ; en revanche, la coiffure est étrange, très courte sur le sommet du front, longue et torsadée sur les côtés. Émile affublé de dreadlocks, ou de cheveux-serpents façon Méduse. Elle lit la légende : *Autoportrait de Dürer*, alors âgé de vingt-huit ans. Si elle le pouvait, elle découperait bien la reproduction pour la mettre sous verre et l'accrocher à côté d'une photo d'Émile jeune. Elle s'arrête encore un instant sur un dernier tableau, celui d'une femme aux yeux à demi baissés, tenant déployé devant elle un drap blanc imprimé d'un visage, lequel est très sombre, presque noir, son front porte une double couronne, une d'épines en forme de grands X dorés, l'autre de gouttes de sang. Des anges miniatures aux ailes d'oiseaux exotiques chantent à mi-voix dans les angles inférieurs du tableau. *Sainte Véronique au suaire*, d'un maître anonyme, désigné sous le titre de *Meister der heiligen Veronika*.

Elle referme le catalogue, fatiguée soudain par cet excès d'images. Elle a envie de redescendre chez elle. Elle cherche la gardienne pour la prévenir de son départ, elle la trouve dans un couloir, juchée sur un escabeau devant un placard dont elle astique les étagères avec un chiffon humide. Avant que Joséphine n'ait pu dire un mot, Madame Barbosa s'exclame : « Regardez un peu ce que j'ai trouvé ! », et elle exhibe un gilet beige rosé constellé de trous qui esquissent un vague dessin, comme d'un visage difforme. « Bon à jeter, et il y en a d'autres, les mites ont fait un festin. Mais elles ne sont pas près de recommencer, je les ai ratiboisées. » Adepte des produits naturels, Madame Barbosa détaille à Joséphine les éléments qu'elle a utilisés pour concocter sa solution antimite à base d'eau savonneuse, de vinaigre blanc et d'huile essentielle de cèdre. Joséphine n'en a cure, l'odeur du produit l'incommode, elle bat au plus vite en retraite.

J'en suis donc réduite à ça, se dit Joséphine en attendant l'ascenseur, à me glisser en catimini chez des voisins partis à la campagne pour me dégourdir la vue, à défaut des jambes ! En fait, elle s'est plutôt saoulé la vue, elle est saturée de formes, de couleurs, de figures, de virtuosité plastique, mais émue aussi par la ressemblance qu'elle a décelée entre l'autoportrait de Dürer et son Émile tel qu'il était au début de leur mariage, chevelure rasta en moins.

À présent elle se force à sortir chaque jour une heure, moins par envie que pour rassurer Madame Barbosa qui a jeté sur elle son dévolu bienveillant. Elle ne sait trop que faire une fois dehors, les rues sont devenues inhospitalières avec leurs magasins et leurs cafés fermés, leurs passants bâillonnés qui se tiennent à distance les uns des autres, et tous les lieux publics interdits d'accès. Elle marche sans but, sans plaisir, une rôdeuse désœuvrée qui se sent plus que jamais en exil dans ce qui fut si longtemps son fief, son *ici* familier. Elle repense à sa mère et à ses grands-parents maternels ainsi qu'aux parents d'Émile, tous de vrais émigrés, eux, qui se sont arrachés de force à leur pays auquel chacun d'entre eux était pourtant très attaché, mais où ils se savaient condamnés à une vie de misère, ou carrément menacés d'emprisonnement ou de mort. Elle pense particulièrement à son grand-père Aquilino et à sa belle-mère Czenzi, l'un et l'autre restés inconsolés d'avoir dû s'en aller, l'un finissant taiseux, aigri, l'autre glissant dans une mélancolie croissante. Son exil à elle est immobile, il s'est fait lentement, à son insu, et il est sans espoir de retour. Retourner où, quand ce n'est pas soi-même qui a quitté son lieu, mais le lieu qui s'est vidé de sa substance et est retourné en n'importe où, en nulle part ? Alors, que l'on parte ou que l'on reste, on ne peut pas échapper à ce sentiment d'expatriation, de perte et d'isolement ? Quand elle rentre chez elle après son heure de déambulation, elle se sent encore plus dépourvue.

À l'un de ses retours, elle croise Madame Barbosa qui lui propose de l'accompagner cette fois chez les Dumont pour assister à un beau spectacle lunaire ; leur terrasse est parfaitement orientée pour en profiter au mieux. Joséphine s'apprête à décliner l'invitation, mais l'autre lui montre quelque chose qui la sort un instant de son apathie : Madame Barbosa déplie le journal qu'elle tenait à la main et lui présente la page où figure une photo de « super-lune » datant de l'année passée, légendée de ces mots : « Ce soir, un happening lunaire à ne pas manquer ! La Lune sera pleine et au périgée de son orbite, c'est-à-dire au plus près de la Terre (soit environ 356 000 kilomètres, contre 410 000 quand elle passe à son apogée). » Joséphine ne poursuit pas sa lecture, ce qu'elle vient de lire lui suffit, elle a trouvé le mot qu'elle avait cherché en vain, puis oublié de chercher, comme tout le reste. Cela ranime en elle un zeste de satisfaction et elle souffle : « Enfin, le voilà ! » Madame Barbosa prend cette discrète exclamation pour une marque de curiosité astronomique de sa part et lui dit qu'elle passera la chercher vers vingt heures. Une fois chez elle, Joséphine s'empresse d'aller compléter sa grille de lettres. Le mot est le bon, sa page est remplie. La perspective de la soirée lunaire ne l'emballe pas du tout, mais elle ne veut pas décevoir la gardienne qui, elle, semble beaucoup s'en réjouir. Et puis, voir un mot grandeur nature, dans tout le faste du phénomène qu'il désigne, cela ne manque pas d'allure, et d'attrait.

Elle se dit qu'il serait bien d'apporter quelque chose à boire et à grignoter pour agrémenter cette soirée, elle fouille dans sa réserve d'alcools, qui est plutôt maigre : la bouteille de Cointreau est éventée, celles de Martini et de Campari quasiment vides, son porto est de qualité médiocre et elle aurait honte d'en proposer à quelqu'un originaire du Haut-Douro, le pastis est trop fort et n'est pas encore de saison. Elle finit par opter pour une bouteille de vin, la seule qui lui reste, et déniche un sachet de cacahuètes dans son buffet, elle coupe un morceau de gruyère en petits dés qu'elle verse dans un bol et saupoudre d'herbes de Provence, enroule deux verres dans un torchon puis range le tout dans un panier.

Elles sont installées dans des transats sur la terrasse, Madame Barbosa a pensé à apporter deux plaids, et comme elle connaît par le menu l'appartement dont elle a la charge ménagère, elle a trouvé deux paires de jumelles. La bouteille de médoc et les amuse-gueules sont disposés sur une petite table placée entre elles. Le spectacle peut commencer. Il est en effet magnifique, la lune trône au ras des toits, d'un jaune paille qui par instants resplendit, à d'autres se voile légèrement. Joséphine craignait que Madame Barbosa ne bavarde sans cesse, mais il n'en est rien, elle se tient muette d'admiration dans sa chaise longue, les yeux collés aux jumelles. Le seul bruit est celui que font leurs verres quand elles les remplissent, les sirotent puis les reposent. Joséphine a perdu l'habitude de boire et le vin lui tourne vite la tête. La lune étincelle au bout de ses jumelles, même ses zones ombreuses luisent d'un éclat gris orangé, tandis que son esprit à elle s'embrume lentement. Elle a l'impression d'entrer en apesanteur. Elle flotte à l'horizontale au-dessus de la ville, les pieds pointés vers le colosse lunaire. Une flèche sur le point d'être tirée, qui déjà entre en vibration.

Sa vue se trouble, ou peut-être s'aiguise à l'excès, elle ne sait trop, l'effet est le même, quasi hallucinant. Nom d'une ziggourat ! La lune est un bouclier blanc où se dessine un visage qui lui rappelle celui de la Méduse qu'elle a vue récemment dans le catalogue du musée de Munich : des yeux écarquillés, une bouche qui n'en finit pas de s'ouvrir, se distendre, et un grouillis de cheveux vipérins tout autour de la tête. Elle saisit son verre, boit une gorgée, ferme les yeux, les rouvre. La face distordue s'est estompée, les paupières et la bouche refermées, les torsades de cheveux sont retombées, encadrant un ovale qui brunit progressivement, et à mesure affleurent de nouveaux traits. Est-ce un bouclier de marbre lamé de peau humaine, une cymbale blanche qui sonne le silence, un linge d'accouchée portant trace d'un nouveau-né ou un linceul portant celle d'un nouveau-mort, le corps de l'un et l'autre condensé dans leur seul visage tout infusé de nuit ? La nuit aqueuse du ventre maternel, la nuit sèche du tombeau. Joséphine ne distingue plus vraiment les différences des tons, s'ils sont ternes ou brillants, chauds ou froids. Le noir, le brun, le gris et la blancheur se confondent, elle ne saurait dire de quelle couleur est ce visage qui transparaît à la surface de la croûte lunaire, ni même s'il est d'homme, de femme, s'il est jeune ou très vieux. Il est hors spectre des couleurs, de l'âge, des races et des genres. Il est simplement, immensément humain. Elle reprend son verre, en boit le restant d'un trait. Le linge lunaire lui paraît tout piqueté de trous, comme le gilet de Madame Robert. Les mites festoient partout. En voulant reposer son verre vide, elle le lâche à côté de la table, il tombe, se casse. Madame Barbosa sursaute, regarde les tessons sur le sol, puis sa voisine qui tient ses jumelles à bout de bras, mais à l'envers, et elle éclate de rire. Joséphine, tout éméchée qu'elle est, garde son sérieux et demande d'un ton préoccupé : « Où donc peut-il bien être ? – Qui ça ? Ah, le drapeau qu'ils avaient planté, les astronautes américains ? Il ne doit plus en rester grand-chose après tout ce temps. Et puis, de toute façon, nous on ne peut pas le voir d'ici... » Joséphine hausse les épaules. « Nom d'un périgée nostoc ! Je me fous du drapeau, des astronautes et des Américains. Mais lui, lui, hein, où est-il passé ? »

Madame Barbosa lui retire prudemment les jumelles des mains avant qu'elle ne les fasse aussi tomber, et elle se hâte d'aller les remettre à leur place dans le bureau de Monsieur Dumont, puis elle raccompagne la vieille dame pompette et bizarrement lunée jusqu'à son appartement.

Lui

Lui se cache quelque part, où il peut, comme il peut, et ce quelque-part est nomade. Parfois seul, parfois avec d'autres. Les distributions de nourriture sont devenues rares, l'accès à des points d'eau très difficile. Il n'a d'autre lieu de confinement que son propre corps, sa peau, son sang – dont il se demande jusqu'à quand il aura la force de couler dans ses veines, ses artères, et même, certains matins, certains soirs ou midis, il a l'impression que son cœur s'est arrêté de battre, il ne sait plus alors s'il est encore en vie, ou en train de mourir, ou déjà mort peut-être. Rien de cela tout à fait, il est juste dans un sas entre les trois états, et ce sas est verrouillé.

Il est l'épave d'un rêve naufragé, le reste d'un homme qui se consume. Une évanescence dans le peuple des ombres.

Tout le monde dort
Rien entre
La lune et moi.

Seifu-Jo

Table

I
AUTOUR D'UN SILENCE

Joséphine	11
L'individu	22
Guillaume	23
Le bizarre	40
Magali	41
Le pathétique	48
Anaïs	49
L'importun	58
Xavier	59
L'égaré	68
Stella	70
Le semblable	75
Serge	76
Le quelconque	86

Émile 87
   L'Indéfini 90

II
LUNE SOLITUDES

Émir 97
Merlin 103
Yllka 115
Garou 128
Bobby 144
Ehtnaca 159
Quelqu'un 174
Véronique 190
   Lui 209

DU MÊME AUTEUR

Aux Éditions Albin Michel

CÉLÉBRATION DE LA PATERNITÉ (iconographie établie par E. Gondinet-Wallstein), 2001.

MAGNUS, prix Goncourt des lycéens 2005.

L'INAPERÇU, 2008.

HORS CHAMP, 2009.

LE MONDE SANS VOUS, prix Jean-Monnet de littérature européenne 2011.

RENDEZ-VOUS NOMADE, 2012.

PETITES SCÈNES CAPITALES, 2013.

À LA TABLE DES HOMMES, 2015.

DISCOURS DE RÉCEPTION À L'ACADÉMIE ROYALE DE BELGIQUE, 2015.

L'ESPRIT DE MARSEILLE (photos de T. Kluba), 2018.

LE VENT REPREND SES TOURS, 2019.

Aux Éditions Gallimard

LE LIVRE DES NUITS, 1984.

NUIT D'AMBRE, 1986.

JOURS DE COLÈRE, prix Femina 1989.

LA PLEURANTE DES RUES DE PRAGUE, 1991.

L'ENFANT MÉDUSE, 1992.

IMMENSITÉS, prix Louis-Guilloux et prix de la Ville de Nantes 1993.

ÉCLATS DE SEL, 1996.

CÉPHALOPHORES, 1997.

TOBIE DES MARAIS, Grand Prix Jean-Giono 1998.

CHANSON DES MAL-AIMANTS, 2002.

LES PERSONNAGES, 2004.

Aux Éditions Gallimard Jeunesse

L'ENCRE DU POULPE, 1999.

Chez d'autres éditeurs

OPÉRA MUET, Maren Sell, 1989.

LES ÉCHOS DU SILENCE, Desclée de Brouwer, 1996.

BOHUSLAV REYNEK À PETRKOV (photos de T. Kluba), Christian Pirot, 1998.

ETTY HILLESUM, Pygmalion, 1999.

GRANDE NUIT DE TOUSSAINT (photos de J.-M. Fauquet), Le temps qu'il fait, 2000.

PATIENCE ET SONGE DE LUMIÈRE : VERMEER, Flohic, 2000.

MOURIR UN PEU, Desclée de Brouwer, 2000.

CRACOVIE À VOL D'OISEAUX, Le Rocher, 2000.

COULEURS DE L'INVISIBLE (calligraphies de Rachid Koraïchi), Al Manar, 2002.

SONGES DU TEMPS, Desclée de Brouwer, 2003.

ATELIERS DE LUMIÈRE, Desclée de Brouwer, 2004.

PATINIR. PAYSAGE AVEC SAINT CHRISTOPHE, Invenit, 2010.

QUATRE ACTES DE PRÉSENCE, Desclée de Brouwer, 2011.

CHEMIN DE CROIX (photos de T. Kluba), Bayard, 2011.

OCTONAIRE (photos de T. Kluba), Alliance française, Bari, 2011.

Composition : IGS-CP
Impression : CPI Bussière en décembre 2020 Éditions
Albin Michel
22, rue Huyghens, 75014 Paris
www.albin-michel.fr

ISBN broché : 978-2-226-45824-7
ISBN luxe : 978-2-226-18518-1
N° d'édition : 24307/01 – N° d'impression : 2052036
Dépôt légal : janvier 2021
Imprimé en France